北来南往四面乡亲共创民族好市

山多路长八方贤良同扬诚善街风

房明亮

北山街示意图

双塘村
梅洞村
往宜州
殿皇山
平阳屯
羊角屯
下龙屯
北头
底下楞
东头
街中间
大岩（白云寺）
楞尧屯
西头
北山顶
楞尧山
上龙屯
背仔山
牛洞屯
塘利村
板敢村

黄璐霜 / 绘

北山小传

河池市宜州区北山镇，位于河池东南，广西西北，中国南部。

北山镇之名与山无关——北山并无“北山”这座山；但它又的确与山相关——山口、大石山区，以及山地圩市。

从高空俯瞰，蜿蜒崎岖的道路从群山之间流淌而下，将不同村寨、不同民族的人和他们的商品及他们的文化汇聚到山口处的平地，形成北山街，又发展成北山镇，最后由路网串联成北山山地商贸圈。

“北山”之名有文字可证的历史有三百余年，其前则因缺少文献记载而尚不可考。数百年来，壮族、汉族、瑶族、仫佬族等多民族民众在适应和改造山地生存环境的过程中创造和积累了独具特色的文化，又因商贸往来而在山地圩市北山街汇集，实现交往、交流、交融，最终呈现出辐射范围超过行政区划的北山山地商贸圈的样态。

北来南往四面乡亲共创民族圩市，山多路长八方贤良同扬诚善街风。蜿蜒曲折的山路承载着赶圩人的生计，各族民众带着对美好生活的向往会聚在北山这一山口处，开圩立市，可谓“为商贸而聚集，因文化而融合”。

2023年，北山镇被认定为第十二批全国“一村一品”示范村镇，特色产业背后是北山各族人民共创共享美好生活的信心与决心。

总　序

广西壮族自治区地域广阔，山海相望，河流纵横。在这片南疆大地上，各族人民融洽相处、团结一致、积极用世，共同建设栖居之地和精神家园，形成诸多迄今为止仍全部保留或部分保留着农耕文明基因的村寨及乡镇。以农民为主体的乡土文化，与精英文化、市井文化长期互相依存，在孕育各具形态的社会生活的同时，各美其美，互相映耀，成为建构光辉灿烂的中华文化的丰富资源，承载着国人共同的历史记忆。逢此盛世，包括少数民族文化在内的乡村文化，劲挺焕发出蓬勃的朝气和活力，与城市化的进程同步，在继承往日传统的基础上，依据自身当下的条件，不息创设着具有自己特色的文化生活，呈现出生机勃勃和丰富多彩的文化事象。

在广西壮族自治区党委的领导下，经过多年努力，包括传统民居在内的广西大量历史建筑得到较好保护，形成了规模较大、内容和价值较丰富、活态传承的农耕文明遗产保护群。截至2024年，广西入选国家级、自治区（省）级“传统村落”“历史文化名镇名村”“少数民族特色村寨”“美丽休闲乡村”等名录的村落，合计超过800个（次）。这些具有地域特点、民族特色的乡土村落，是广西优秀文化的一部分，是中华民族共同体的瑰宝，是值得继续传承、有待不断开发的物质资源和精神资源。

习近平总书记先后指出，“乡村文明是中华民族文明史的主体，村庄是这种文明的载体”，“乡村振兴，既要塑形，也要铸魂”。重塑乡土文化，建设乡村精神家园，筑牢乡村振兴之根，确保乡村社会的持续稳定发展，既有重要意义，也是现实需要。

为贯彻落实党的二十大精神和习近平文化思想，广西壮族自治区党委宣传部指导策划，广西出版传媒集团组织漓江出版社的编创团队出版“广西村落文化丛书”，重点对广西村落的发展历史、建筑风貌、民居样态、民众生产生活方式、文化艺术结晶和民族地域特色等进行系统梳理，挖掘、整理蕴含在村落中的最具感染力、传播力的文化元素。本丛书被列入广西优秀传统文化出版工程，以区内20个秉具特色的村落为载体，书写中华文明史上的广西篇章、广西故事。

“广西村落文化丛书”推出的村落，基本上是迄今为止仍全部保留或部分保留着农耕文明基因的村寨或乡镇。所谓特色，指承载有乡土文明、地理特点、民族特性、历史意义，以及物质、社会和精神文化优秀传统的特征。这些特征涵盖了历史、政治、经济、教育、文化、自然、地理等方面，以及与此相关的发展脉络、山水风光、村落景象、公共设施、历史人物，乃至具体的商埠、街巷、建筑、物产、民俗、节庆、歌谣、饮食、服饰等，对它们的书写都是挖掘“村落文化”的题中应有之义。不同地域的物产资源与气候条件，决定着不同地域适宜人居的村落形制；不同的民族村落，又折射出不同民族的文化精神与审美情趣。

本丛书遴选的村落，覆盖广西14个设区市，涵括广西的四大古镇，包含汉、壮、侗、苗、瑶等多个民族特色村寨，选入少量独具广西特色的仫佬族、毛南族、京族村落，同时兼顾文旅基础好、广西文旅部门重点打造的村落。为踏实求真地完成这套丛书，作者们大量查阅典籍、方志，多次实地调研、访谈，多以“准史志”的严谨文字来写作，偶有散文笔调的呈示，也意在使史实的叙事轻快鲜活，为读者理解文本而创设情境。诚然，20个村落的丛书叙事难说全方位地反映了广西村落文化面貌，但由于每个村落都是一个“小世界”，其形貌、特性各有不同，故一定程度上仍可说，丛书不啻是广西异彩纷呈的地域文化和民族村落特色的缩影。因之，这些村落就不只是某个市县的地理乡镇，也不只是某个作者个体视角的村落印象，而是基于现实的记史、纪实的乡土影像，是包含了地理环境、历史脉络、文化积累和当下关注的宏大画卷。

本丛书兼顾历史性和当下现实关怀，既溯及村落们的过往，也描绘其当今的发展状况，蕴含着浓烈的时代精神，呼应了习近平总书记关于乡村振兴的战略思想。广西广大农村的各族群众长期居于乡村，他们热爱乡村、建设乡村，乡间一切物质与精神的积淀，更是注入民众血肉和灵魂的所在。凡是能够世代流传直至今日的良好的村落文化事象，必然是符合民意民情、具有强劲生命活力的，其赓续的功效，无疑地，既体现在精神层面，也体现在物质层面。新时代乡村的建设者，或可从中收获宝贵而又可靠的经验。

目录

前言

远远的街灯明了，
好象闪着无数的明星。
天上的明星现了，
好象点着无数的街灯。

我想那缥渺的空中，
定然有美丽的街市。
街市上陈列的一些物品，
定然是世上没有的珍奇。

你看，那浅浅的天河，
定然是不甚宽广。
那隔河的牛郎织女，
定能够骑着牛儿来往。

我想他们此刻，
定然在天街闲游。
不信，请看那朵流星，
那怕是他们提着灯笼在走。

记不清最早读到郭沫若这首《天上的市街》是在什么时候了，也不记得这首诗最初吸引我的是巧妙的联想、奇特的想象，还是优美的意境，但《天上的市街》总不时浮上我的心头……到了晚年，我才明了，那是因为此诗中出现的“街市”勾连起了我对故乡北山——山中圩市的怀想。

一座座山岸、一片片田垌、一个个村庄、一条条山路、一家家商铺，构成了一个山地商贸圈，涵养着山地之圩——北山街。

呈现为喀斯特地貌的千山万岸，构成了北山这个桂西北山地圩市。数百年来，它养育了千千万万壮族、汉族、瑶族、仫佬族人民。人们在这里劳作，在这里生活，在这里歌唱，在这里繁衍，为商贸而聚集，因文化而融合，可谓“各美其美，美人之美，美美与共”。

一、山地圩市的来历

“圩”是岭南地区，尤其是广东、广西两地对提供产品购销、余缺调剂的场所的称呼，因“有人则满，无人则虚”而“满时少虚时多”，故名为“圩（墟）”；四川、重庆、云南、贵州等地称之为“场”，湖南、湖北，以及华东和北方一些地方则称之为“集”。“圩”往下连接广大乡村，往上通向各类城镇，农副土特产品在圩市中占有重要份额。圩市关联着千家万户，影响着当地社会的生产和民众的生活。

圩市是一种依托于具体地理实体的经济现象，圩市的发展不但受益于一定区域的地理条件，也受制于一定区域的地理环境。山地圩市是中国圩市文化的重要组成部分，在素有“八山一水一分田”之称的广西，自然可见山地圩市这一圩市形态。

唐代文学家柳宗元被迁柳州刺史来到柳州之后写有《柳州峒氓》一诗：“郡城南下接通津，异服殊音不可亲。青箬裹盐归峒客，绿荷包饭趁虚人。鹅毛御腊缝山罽，鸡骨占年拜水神。愁向公庭问重译，欲投章甫作文身。”其中“青箬裹盐归峒客，绿荷包饭趁虚人”一句，刻画的正是唐代柳州一带在圩市交易后归去的山地赶圩人形象。曾两度贬谪广西的宋代名臣李光贬知阳朔过灵川时作有《人日》一诗:“人日灵川县,山深雪未融。谁知桂岭北,宛似浙江东。墟市人烟合,僧窗竹径通。杖藜闲信步,日暮怯溪风。”结合“山深雪未融”的环境,李光所见的圩市,或许即为桂北山地圩市。清代壮族诗人黄体元的《岭南风物》则在勾勒岭南山地圩市的空间特征之外,更以绘声绘色的文字突显了山地圩市特有的民族风情:“山圩晨雾散,吆喝起层峦。筐满蕨薇嫩,篓盈笋蕈干。僮歌喧野径,僮锦挂横竿。最是圩场味,酸鱼糯饭团。”

由于地理环境的制约,广西山地圩市大多贸易品贫乏,开展的多是“布帛米盐”“鸡鱼羊豕”的交易,交易范围较小;许多圩市“就高薙草,日初而聚,未午而散”,无固定商铺,以至于“商则牵车服贾,近在百里,未闻有远涉以求利者”。到了宋代,山地间各类圩市逐渐出现,如当时的宜州城外便有一圩市,“百姓多隔日相聚,交易而退”。明清时期,广西山地圩市有了进一步发展,不但圩市的数量增多,圩市交易的物品种类也较之过去更为丰富。清代前期,庆远地区的 8 个州县共有圩市 164 个,民国时期发展到 207 个。

最初的山地圩市无固定周期,多是“日中为市,交易即散”,后来才有了相对固定的周期,通常是三、五、七、十日一圩，长的则是半月一圩。最为奇特的是今隆林各族自治县的山地圩市，以十二生肖属相轮排，确定了诸如猪场、狗场、羊场、牛场等圩场名称，人们以此推算于什么时间在什么地点集中以进行交易。

总的来说，传统上山地圩市的周期多为五日一圩或六日一圩，平原圩市的周期则多为三日一圩或十日三圩。山地圩市的交易半径在7千米左右，比平原圩市的交易半径多1千米。

二、北山的得名

北山位于桂西北河池市宜州区的西南部，处在崇山峻岭之中，在这里逐渐发展出了一个典型的山地圩市——北山街。

望文生义，所谓“北山”应该是一座山的名字，其意就是“位于北边的山”，正如宜州区庆远镇的会仙山因位于庆远镇之北而被当地人称为“北山”那样：“北山在城北一里，唐陆仙翁修炼于此，常有紫云玄鹤乘空而下，故又名会仙山。”但奇妙的是，北山街的“北山”并不位于“街”的北边，而是位于“街”的南边。为了解释这一矛盾，人们又“大开脑洞”，绞尽脑汁地找补:“北山街南面有座山，山壁呈白色，得名‘白山’，当地方言‘北’与‘白’同音，后改称‘北山’。”其实这也算是不甚了了的人不得已的附会。如果因山有白色石壁而得名，那么北山的另外两座山大岩和陆怀春，其白色石壁的面积更大，更有理由被称为“白山”，即“北山”。

其实，在北山山地商贸圈中，人们提到“北山”，指的往往就是“北山街”这条街本身而不是一座山。在北山人那里，如果要说那座“北山”，通常是称“北山顶”；如果是要爬上“北山”，则会说“爬北山顶”；如果是到“北山”脚下，说的则是“去北山顶脚”。北山乡贤李国梁先生写有《咏北山八景》组诗，这里的“北山”就并非山的名字，而是指“北山街”。鉴于“北山”之于“北山街”的重要性，在《咏北山八景》组诗中自然有关于“北山顶”的咏唱:“附葛攀藤上翠微，为求胜迹苦寻追。将临松涧行偏健，小憩榕桥倦欲归。对景高歌天地阔，凭崖俯视万山卑。怡情最是林深处，几树孤云野鹤回。”说的虽是“北山顶”，此诗的名称却是《镇南峰》，由此可见，就地理位置来说，“镇南峰”或许才是“北山”之山最为合理的名称。由此也可知，“北山”确实不是自然地理层面的某座山的名称，而是人文地理层面的区域名称。当地人口中的“北山”，狭义表示的是北山街，广义表示的则是以北山街为核心的北山山地商贸圈。

几年前我返回北山过年，其间登殿皇山远眺北山街，发现北山街所处位置的地形很像一张大口，再联想到广西一些与壮语中的“口”有关的地名，如北海乃壮语“海口”、百色乃壮语“河口”之意，才想起虽然现在的北山街是以汉文化为主流，但在古代的北山街（圩）乃至如今的北山山地商贸圈，壮族文化都具有深刻的影响。故北山之“北”，也许源于其“口”状地形，以壮语称之便为“北”。至于其“山”，则是后来在汉文化的影响下，以“山”取代壮语中表示山的“岜”。如此一番壮、汉文化结合之后，才形成了“北山”之名。也就是说，“北山”一词，实源于北山街“山口”的地形，又形成于壮族文化与汉文化的融合。“北山”最初指的并不是某座山峰，而是此地“山口”的地形，后来又成为北山街乃至北山山地商贸圈的名称。

根据壮语的发音用汉字来记地名，除了上面提及的北海、百色，在北山山地商贸圈中也有不少例子。如屯蒙村北歪屯，其“北”是壮语中的“口”，“歪”则指坝，因为该屯建在坝口处，所以得名“北歪”。同样的，龙安村北汉屯，“北”也是“口”的意思，“汉”则是壮语“烂泥塘”之意，因屯前是牛路口，雨后路常变成烂泥塘而得名。类似的地名还有福龙瑶族乡的北建屯（山坳口）和北追屯（犁头口）、北牙瑶族乡

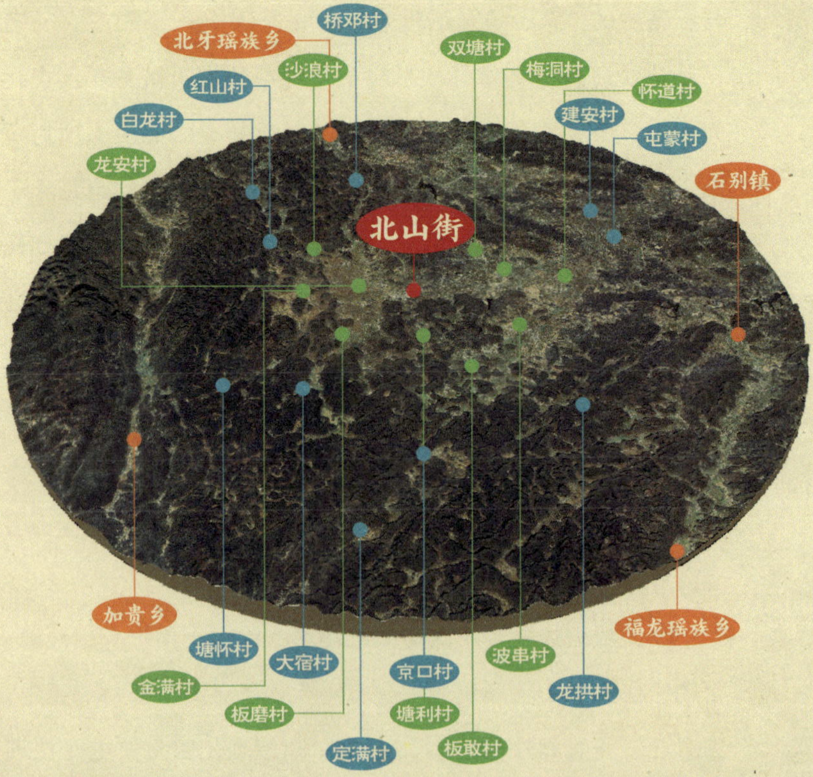

北山山地商贸圈地形示意图　黄彦宇、黄璐霜／绘

的北基屯（泥箕口）、同德乡的北刁屯（坳口）、屏南乡的北怀屯（牛路口）等。

像北歪、北汉那样的地名，是纯粹使用汉字来表示的壮语地名；而类似北山这样一部分为壮意、一部分为汉意，两相结合而构成的反映壮、汉文化融合的地名，还有北牙瑶族乡的北社屯（社王庙口）、德胜镇的北庄屯（庄口）、屏南乡的北洞屯（洞口）、安马乡的北关屯（关口）等。

三、北山街的历史

街一般指两旁有房屋或商铺的比较宽阔的道路。传世典籍中，“街”最早盖见于《墨子·号令》：“城上道路、里中巷街，皆无得行。”但是直到汉代，此称才流行。张衡《西京赋》有“街衢相经”的说法。汉代以后，“街”就一直是城中大道的通称，并用于道路名。由于街道两旁大多设有集市，因此“街”也指集市，如《吕氏春秋·不苟论》：“百里奚归，辞公孙枝，公孙枝徙，自敷于街。”直至今日，中国南方也有许多地区称集市为街，如白族传统节日“三月街”中的“街”就不是指某条街道，而是指圩市。北山街中的“街”，所指亦为圩市，北山街意即北山圩。在北山山地商贸圈中，汉语多说“北山街”，壮语则多说“北山圩”，“北山街”与“北山圩”向来都是通用的。

关于北山街的历史，一种说法根据北山街东南处白云寺岩壁上的“由汉而来”几个字，认为北山街的历史是从汉代就开始了的。这确实有点牵强附会。实际上，地方志对龙门巡检司的相关记载显示，清雍正七年（1729 年）改置明初设置的龙门土舍为龙门巡检司，全司共辖三十一村及北牙、北山二圩。由此可知，北山成圩的历史不晚于 1729 年，至今至少已有三百年。由于缺少文字记载，更早的北山街历史则难以确认。

北山街所属的区域，有文献可查的历史则可推得更早。广西土司制度的建立始于北宋皇祐年间（1049—1054 年），当时广西西部壮族聚居地区全部实行土司制度，元、明、清也继续沿用。作为多民族聚居区，明代中央政府在今宜州一带共设置了永定长官司、永顺长官司和永顺副长官司三个土官司，如今的北山街一带便隶属于其中的永定长官司。

《宜州市志》记载，永定长官司于明弘治五年（1492 年）设置，政区地理范围在今河池市宜州区东南和正南一带，包括今福龙瑶族乡辖地全部。其西至都安瑶族自治县九渡、拉仁一带，与永顺长官司接壤；西北至北山镇的龙安、双塘、梅洞、怀道；北至石别镇的四合、三寨、永定、拉弄、清潭、板围；东北至洛西镇、洛东镇、三岔镇；东至屏南乡全境以及忻城县欧洞、马泗等乡辖境。

清道光《庆远府志》中《地里志》“村里”目之“永定长官土司”所列村里中，就有邱（丘）累、巴（北）汉、央（香）梅、波全（串）、喇忿（拉坌）、宾州、梅峒（洞）、歪（怀）道、小八仙等属于北山山地商贸圈的村屯名字；其《食货志》“墟市”目有“白山墟，县西南六十里，逢辰戌丑未日为赶期，篾席出处”的记载。民国七年（1918年）版《宜山县志》“疆域”目也说“龙门司有北牙、北山两圩，北山圩距城六十里，一名百山圩，逢辰戌丑未日为赶期。”*

* 这里所谓“百山圩”，也有可能与“十万大山”“九万大山”等用一个较大的数来表示山多一样，说的是北山山地商贸圈山多。

徐霞客曾于明崇祯十一年（1638年）二月路过永定长官司：“十六日……五里，抵永定司，即所谓山寨也。土官所居村在西界石山下，欲留余止宿，余以日才过午，不入而行。”关于永定长官司，徐霞客这样记载：“弘治间，都御史邓廷瓒奏置永定长官司，长官韦姓，隶府。”永定长官司衙门位于今石别镇三寨村，分新旧衙门。旧衙门仅余1间兵房，长6米，宽4米，系砖泥结构。新衙门在旧衙门北面，与旧衙门仅一巷之隔，共三进，总面积1300平方米。

清嘉庆十五年（1810年），永定长官司发生了一件大事——嘉庆皇帝赐诗给永定长官司的长寿老人蓝祥：“星弧昭瑞应交南，陆地神仙纪姓蓝。百岁春秋卌年度，四朝雨露一身覃。烟霞养性同彭祖，道德传心问老聃。花甲再周衍无极，长生宝录丽琅函。”其落款为：“赐广西宜山县永定土司境内寿民蓝祥年一百四十二岁，喜成七言，用志人瑞。嘉庆十五年庚午嘉平月御笔。”民国《宜山县志》载有此事：“御碑亭，在城东百花亭左，碑镌御制寿民蓝祥诗。”后诗碑失踪，直到1982年才在石别镇三寨村的河边发现了这块被群众当作洗衣板的诗碑。

清雍正七年（1729年），庆远知府徐嘉宾奏请朝廷将属永定土司辖的清潭、南乡二里和忻城土县辖的功德、窑灰二里改置理苗分县，设“宜山县理苗县丞关防，以专守责”，同时裁宜山县龙门土舍，设府辖龙门巡检司，将永定长官司所辖西部的端简里大部归龙门巡检司辖。如今的北山街一带，在当时改为归属龙门巡检司管辖。清光绪三十年（1904年），裁龙门巡检司。清宣统二年（1910年），北山地方属宜山县第五区（北牙区）。

民国十七年（1928年），北山从北牙区分出，设为宜山县第十四区（北山区）。民国二十二年（1933年），宜山县行政区划分设为3个直属乡镇和5个区，共有乡镇50个，其中北山、永定、端简等11个乡属石别区辖。

1949年12月，宜山县划分为7个区，北山乡属北牙区。1950年，宜山县划分为10个区，北山乡属第五区（石别区）。1958年2月，北山乡成立；同年8月，成立跃进（北山）人民公社。1962年8月，北山公社并入石别区，后撤区重设公社时属于石别公社。1984年10月，北山属石别乡。1987年8月，宜山县增设屏南、同德、北山3个乡，北山乡从石别乡独立出来。1998年，撤北山乡设北山镇。北山镇成立之初包括怀道、梅洞、双塘、板敢、塘利、波串、龙安、建安8个村委会，北山街改称为北山社区，全镇有100个自然屯、205个村民小组，壮、汉、瑶、仫佬、苗、毛南等民族的群众在此生活。

民间传说最早到北山开圩落户的是李、黄、方、郭、马这5姓人家。他们首先寻找水源，从戴帽山寻起，一直到楞尧、大泵洞，最后在底下楞定点，于此建造住房及圩亭，而后才有其他姓氏的村民或外地人到来，起房造屋，共同建设北山街。

旧时北山街有4个闸门*：东闸门在杨青家、吴天佑家老屋旁边，西闸门在韦兴家旁边，北闸门在韦庆明家旁边，西北闸门在北山小学旁边。四个闸门中，东闸门和西闸门比较大，是出入街市的主要闸门；北闸门和西北闸门比较小，是次要的闸门。那时所讲的“北山”，大都局限于北山街上，有“关起闸门是一家”的说法，而算得上是北山街人的，也只限于居住在这4个闸门内的人，人口数并不多。到宜山（今河池市宜州区，下同）解放前夕，整个北山街不足200户人家。

* 北山街有四个闸门，没有围墙，以各家各户后院的墙和门兼充围墙。这就能看出北山街的防御只是对外的，而且非常脆弱：只要有一户人家被突破，北山街的防御也就被攻破而形同虚设了。因此，北山街的对外防御，与其说是依靠闸门，不如说是依靠全街人同仇敌忾，齐心对付试图侵占街市的入侵者。

显然，北山街的历史不会早于明弘治五年（1492年）设永定长官司之时，也不会晚于清雍正七年（1729年）设龙门巡检司之时。但不管怎么说，北山街一直都算不上大的圩市，充其量也就是个中等圩市。

北山地处偏僻，多民族聚居，大家同住一条街，房屋与房屋峰山同共、滴水相连，“关起闸门是一家”，街坊邻里来往密切，形成和谐融洽的街风和共生共荣的观念。

历史上北山街街区不大，北山圩却有比较大的辐射范围，圩日来赶圩的人很是不少。每到圩日，赶圩人从四面八方拥进狭窄的街道，这时候站在北山顶上，可以听到圩市“嗡嗡嗡”的鼎沸声，像是黄蜂群在巢穴中发出的声音，所以人们又将北山街称作“黄蜂地”。

北山商贸活动

▼北山街东高西低、南高北低，街中间相对平坦，故成为圩市交易的主要场所。

北山商贸往来

/ 清早出门暮才归：蜿蜒崎岖赶圩路 /

与平原圩市依托河流而建不一样，作为山地圩市，北山街及其辐射的北山山地商贸圈的交通与河流无关，而多与山地有关联：北山街东面是比较宽阔的山间平地；南面山岸与平地相间；西面则是典型的喀斯特地貌，山峦起伏，山岸众多；北面是山地丘陵。北山山地商贸圈的赶圩路线也就以北山街为中心呈放射状向四周延伸，并依据自然环境的不同呈现出不同的特点。

由于远离交通要冲，北山山地商贸圈的道路长期没有得到较正式的修整，多为崎岖不平的山间道路，一些路段土质较差，每逢雨季，更是变得泥泞难行。到了 20 世纪 50 年代末，323 县道经北山通往都安红渡，北山山地商贸圈才有了第一条像样的道路，缓解了交通的困难。进入 21 世纪，随着国家扶贫开发和脱贫攻坚工作不断深入，村村通工程不断推进，北山山地商贸圈的交通获得了根本性的改善。323县道北山至庆远段修成了二级公路，山区各村屯的山路也实现了扩宽、拓平和硬化。这些变化改善了人们赶圩的条件，也改变了人们赶圩的方式。

北山街的街道

最初的北山街仅仅是一个自发的贸易集散点，后来在这里进行交易的人多了，才开始有人定居，并以住房为依托，形成了一个以街中间为中心的四边形山地圩市的居住格局。

北山街东高西低、南高北低，街中间相对平坦，故成为圩市交易的主要场所。东闸门和西闸门为圩市的主要进出口，后来宜山至都安的省道也是从东闸门穿过街中间由西闸门出去。东闸门主要是来自东面、南面的赶圩人进出；北闸门主要是来自北边的赶圩人进出；西闸门主要是来自西边的赶圩人进出；西北闸门除了是西北方向的赶圩人进出圩市的主要通道，也是北山街居民到底下楞挑水的主要通道。于是，围绕街中间，北山街就有了高头排、底下排、东头、西头、北头等说法。

旧时北山街的主要街道都是用成本较低的不规则片石铺成，铺砌的具体时间未知，但从大多数片石已让赶圩人踩踏得平整锃亮这一点可知，其年代是比较久远的了。此外，从选用片石而非石板来铺设亦可知，实施这一工程时，北山街的贸易量不是太大，因而缺乏足够的经济实力选用

旭日下苏醒的北山街　吴继春／摄

成本更高的石板来铺设。也由于缺乏足够的经济实力，北山街只有几条阴沟用于排水，雨季时赶圩人带来的泥巴因沟渠排水能力不足而淤积在街道上，导致路面一片泥泞。*

随着北山山地商贸圈的发展，前往北山街赶圩的人逐渐增多，北山街的交通也开始发生经常性的堵塞。国家曾投资把经过北山街的 323 县道往南移，2018 年修建北山至石别二级公路时又再次将其往更南边移动，扩大了北山街的商贸空间。

* 北山山地商贸圈腹地的一些山路也以石块铺就，可见山里人生存之不易。后来修建土桥水库流向北山一带的水渠时，也无法铺设经过打制的石板，选用了成本较低的片石。有趣的是，暴雨过后，总有不少孩童在片石铺就的北山街街道上转来转去，寻找赶圩人遗落在片石缝中又因暴雨冲刷而露出来的铜钱，然后用于游戏——这恰恰是北山街历史的见证。

北山街东面的赶圩路

北山街的东面多为平地，居住条件良好，水资源丰富，分布着众多村屯，形成了 4 条赶圩路。

北山街东线赶圩路：从大八仙出发，沿 323 县道经大湾、怀道、小八仙，过七三、大楞、三里等村屯。

北山街东北线赶圩路：从屯蒙出发，经梅洞、双塘，串联起楞口、塘安、坝头、板扣、万伍、大山、岩口、宾州、平阳等村屯。

北山街东南线赶圩路之一：从龙鲁出发，经新立、楞村、秧峒、土长湾、狮子山、楞尧等村屯。

北山街东南线赶圩路之二：从龙拱出发，经朱朝口、甘社、大将、丘累、刚良等村屯。

梅洞村在北山街东北部，距北山街约 4.7 千米；怀道村在北山街东部，距北山街约 6.5 千米；波串村在北山街东南部，距北山街约 5.3 千米。以这些村落为核心的 4 条赶圩路多分布于山间平地，路况比较好，加之其土质较为特别，即使在雨季路面也不是很泥泞，故而便于赶圩。此外，通往庆远镇的 323 县道也为沿线民众赶圩提供了极大的便利，成为北山山地商贸圈的重要动脉。

北山街南面的赶圩路

北山街南面的赶圩路从定满出发，经京口、板敢、塘利等村，串联起拱桥、弄板、加桃、弄江、北建、果甘、谷龙、拉岭、大峒、板腰、甘塘、新累、东省、新建、刚良等村屯。

这条路线，京口村距北山街约 13 千米；定满村距北山街最远，约 18.3 千米；板敢村距北山街约 5.6 千米；塘利村距北山街约 3 千米。以这 4 个村落为核心的赶圩路多分布于山间平地，路面也还算平坦，但土质不算太好，雨季时会变得泥泞，给赶圩增添许多不便。*

* 当年我和好友韬爸（壮族，北山人，曾任龙安小学、塘利小学教师。因其子名字中有一“韬”字，故亲友多称其为韬爸）从塘利用自行车把韬爸奶奶养的猪崽驮到北山街出售，雨季时就随车带一根木棍，用来戳掉淤积于自行车挡泥板下方妨碍车轮滚动的泥巴。

北山街西面的赶圩路

北山街的西面为大石山区，山岸密布，道路蜿蜒崎岖，不利于行走。西北线因有 323 县道可借用，在一定程度上缓解了赶圩行走的困难；西线从板磨、金满到北山街一段路况还算平坦，塘怀、大宿一带到板磨、金满的路就非常崎岖险峻了。

北山街西线赶圩路：从塘怀、大宿出发，经板磨、金满等村，串联起峒口、弄见、加道、查地、板旧、西牛、拉丹、龙脉、龙双、弄音、芭蕉、弄团、弄茶、加查、龙保、龙会、龙尾、朝栏、罗汉、板角、东建、拉好、独山、北汉等村屯。最远的塘怀、大宿距北山街约 12 千米，从这里出发赶圩的人得起早摸黑，累了就在中途稍事歇息，颇费一番力气才能赶到北山街。

北山街西北线赶圩路：从索潭出发，沿 323 县道经白龙、沙浪、龙安等村，串联起二坟、白社、板江、板纳、甘龙、古东、古段、龙虎、三冲、九凤、高岭、廷拉、大崇、下龙六等村屯。最远的索潭距北山街约 26.8 千米。

北山街北面的赶圩路

北山街北面多为山地丘陵地貌，缺少地下水，故村庄极少，人烟不多，赶圩之路较为平坦，雨季时不算泥泞。

北山街北面的赶圩路从平里、桥邓等村出发，经山等、定蒙、龙近、尖山、六下、板宅、塘秀、塘窝、朝鹿、殿皇、吉送、塘尾、羊角等村屯抵达北山街。最远的平里、桥邓距北山街约 12.5 千米。

对于北山山地商贸圈中的赶圩人，尤其是来自边远山寨的赶圩人来说，每到赶圩之时，常常是打着火把，肩挑手提，翻山越岭。化用刀郎专辑《山歌寥哉》中《序曲》“犹记世人多悲苦，清早出门暮不归”的歌词，真可谓“赶圩之人多辛苦，清早出门暮才归”。

数百年来，北山山地商贸圈中的各族民众，沿着弯弯曲曲的赶圩路，从四面八方向北山街聚集，人们在此交往、交流、交融，依托一方水土，创造一方文化。*

* 北山的赶圩路同时也是北山山地商贸圈的邮路。那时北山邮政所只有两名工作人员，年轻的欧交敏负责分送北山山地商贸圈内龙安、塘利、板敢等行政村的邮件。学校是那个年代的邮件大户，自然也是小欧每天必到之处。那时我和韬爸、韬妈分别任教于龙安小学、塘利小学、梅洞小学，有共同的奋斗目标，多有书信往来以相互鼓励。久而久之，小欧就成了我们专职的“义务邮政员”：他常常在我们房间喝了茶后帮我们送不贴邮票的信函。如今已过去四十多年，说到当年之事，小欧还嚷着让我们补交邮费，我们也笑着让他补交当年欠下的茶水费。

/ 村上人 · 街上人：男女老幼赶圩人 /

北山街是北山山地商贸圈的核心，也是北山山地商贸圈重要的社交场所，更是北山山地商贸圈的人们了解外面世界的窗口。因此，北山街对于北山山地商贸圈的所有人，都具有特殊的影响力和吸引力。根据不同的居住空间，北山山地商贸圈的赶圩

村上人的居所与他们的赶圩路　韦仁凯／摄

人可以分为“村上人”和“街上人”。

北山山地商贸圈的村上人

北山山地商贸圈范围较广，赶圩的村上人又可从居住环境、赶圩目的来划分。

从居住环境来看，北山山地商贸圈整体属于喀斯特地貌，但细分起来还是可以大致分为所居村落分布于山间平地的平地村上人和所居村落分散于千山万岽的山地村上人。

从赶圩目的来看，赶圩时，作为家庭主要劳动力的中年男性赶圩人主要负责买卖劳动用品和生产所需的其他物品，中年女性赶圩人则主要负责买卖农产品和生活用品。男女青年赶圩除了买卖物品，还会开展社交活动，结识朋友，寻找爱情。* 老年人与孩童赶圩则更多呈现出一定的游乐性——在圩市上观看、游玩。**

北山山地商贸圈的街上人

宜山解放前，北山山地商贸圈的街上人主要由纯粹经商的商人和半农半商的农民构成。宜山解放后，北山山地商贸圈半农半商的农民大多成了纯粹的农民，纯粹经商的商人也慢慢减少，教师和在国营机构工作的各类职工则成为这一时期北山街的

* 过去，北山山地商贸圈中有不少年轻人就是在圩市上相识、相交、相知，最终成就婚配、成家立业。我的亲友圈中也不乏这样的情况。

** 在交通不便、媒体欠发达的年代，村落中的孩童通常是由家里老人带到北山街来观看、游玩、开阔眼界的，北山街的孩童则是找机会前往庆远镇开眼界。我第一次到庆远镇时，一整天都蹲在亲戚家的后园，数每一趟火车有多少节车厢。

"新街上人"。改革开放后，随着国家相关政策的调整，在国营机构工作的各类职工逐渐减少，半农半商的人逐渐增多。

北山山地商贸圈的世居民族

北山山地商贸圈的世居民族有壮族、汉族、瑶族、仫佬族等。历史上，北山山地商贸圈属于少数民族聚居地，后来随着社会的发展，北山山地商贸圈成为多民族聚居地。人们常用"汉人住街头，壮人住水头，苗瑶住山头"来说明广西各民族的居住空间，这样的划分大致上倒也符合北山山地商贸圈的实际：汉族主要居住在北山街，也有小部分居住在山地，俗称"高山汉"*；壮族、仫佬族是稻作民族，多居住在有水源的山间平地，在北山街周围四个方位均有分布，后来也有一部分壮族迁入北山街居住；瑶族作为山地民族，主要聚居在北山山地商贸圈南面和西面的千山万岽之中。

* 北山街街坊蓝明理写有《又是一年桐花开》一文，介绍了他外婆的村庄——位于北山山地商贸圈的福龙瑶族乡定满村。居住于该村的"湖广人"，正是居于桂西北山地的汉族人。

借助圩市这个交往平台，居住于北山山地商贸圈的各民族得以进行深入的交流："寄籍汉民多尚礼义，声化所暨，彬彬文物。宜山土人，恒自修异，俎豆皆有古法。……其余土俗，惟知饮食踏歌，客至不问揖，入门即坐吸烟，或鸡黍以待，远方投宿者不拒。"后来，各民族交往、交流、交融的程度不断加深，“宜山之民，习俗颇淳，言语、服用不异中州。士族知尚礼义，质直，不事华靡。祀祖燕宾，率多从厚。……但山高地瘠，不娴工技，以故多贫而俭”，北山山地商贸圈实现了文化的高度融合，有区别的只在于因生产条件的不同而出现的经济上的贫富。

明代之后，北山山地商贸圈中的各族人民，无论是街上人还是村上人，都秉持和气生财的原则，多包容、不排外，极少发生因地域歧视而起的纠纷或械斗等恶性事件，倒是留下了许多不是兄弟胜似兄弟的交往佳话。如民国年间，北山街李国梁与加贵的黄海南、北汉的梁佩南就因喜爱诗文创作，以诗交友，相互酬唱。如今北山诗社的成员既有北山街的，也有来自北山山地商贸圈中各村屯的。另外，村上人来赶圩时，常会进入街上人家喝水歇息，卖不完的物品也会寄留在熟悉的街上人家中，下个圩日再拿出来卖。而在抗日战争时期，北山街西南、西北一带山村成了北山街街上人的庇护所，街上人通常是到那一带有熟人的村上躲避。

/ 肩挑·马拉·车载：往返奔波运货忙 /

肩挑手提运货忙

宜山解放前，北山山地商贸圈没有公路，货物的运送主要采取“人海战术”，靠大量人力肩挑手提。村上人来赶圩时，最重的担子常常是由中青年男性来承担，中青年女性肩负的担子要轻一些，老人和孩子则手提或背负，运送更轻的物品。

在北山山地商贸圈，赶圩时比较轻松的是来自商贸圈东部的赶圩人，从商贸圈南部和北部来的赶圩人相对而言辛苦一些，最辛苦的是来自商贸圈西部大宿、塘怀一带大山里的赶圩人。逢圩日，农忙时人少一些，农闲时人就多一些。临近过年、清明等时节，多数人家得“倾家而出”，使得北山街热闹非凡。那段时间，哪怕不逢圩日，北山街也常常会变得和圩日一样热闹。

无论男女老幼，无论是近是远，无论路途是平坦还是崎岖，哪怕再苦再累，赶圩归家之时，人们心里都会充满收获的喜悦。

那时，街上人往返庆远镇也要依靠肩挑，商业性的货物运送则由半职业——有货则挑货，无货则耕田，亦挑亦农的挑夫队伍来承担。挑夫们肩负重担，从北山、梅洞、万伍出发，经屯蒙、黄洛、里村、黄麻，过矮山、畔塘、水阁凉亭，最终抵达庆远镇，单程至少要花费 9 小时。

这样的生计只有吃苦耐劳的人才谋得来。除了男性在做，北山街的妇女也传承了妇女能顶半边天的传统，同样参与其中。她们大多数连草鞋也不穿，光着脚板走路，每天晚饭后从北山街出发，第二天早上到达庆远镇。

正如北山街给北山山地商贸圈打开窗户带来新鲜空气，

庆远镇也打开了北山街的窗户，向北山人展示新事物。挑夫们到了庆远镇之后，见到新鲜的事物就会把这些信息带回北山。有时候因为匆忙，挑夫获取的信息有误，最后就闹了笑话。比如有一天，街北头潘志斌的母亲从庆远挑担回北山，回到家的时候天已经黑了。一进家门，她就搂着儿子说："今天房子猎妈，妈差点就死了！"原来那天她挑担到庆远，返回途中突然看到一个像房子一样的庞然大物向她奔来，她以为被"猎"——当地人以此言"追赶"——吓得转身就跑，跑了很远才敢放慢脚步。实际上，向她奔来的"房子"是汽车。她第一次见到汽车，于是被吓跑了。又如有一回，一个挑夫在庆远镇听到小贩当街叫卖茶麸粉："茶麸粉啊茶麸粉……"那人听成了"扎裤稳啊扎裤稳"，还以为是城里的姑娘走起路来腰身扭动得裤子都要掉下来了，于是有人提醒她们要"扎裤稳"。

那时候北山尚未有邮政局，挑夫们除挑担谋生外也时常义务帮助乡亲们传递信息和购买物品。北山街樊奶是一个寡妇，平时帮生意人挑担，靠一根扁担养活了三个子女。每次挑担去庆远镇，樊奶不但会义务为街坊买回一些物品，每个星期还会多走几千米的路程，免费帮街坊送伙食费到宜山一中给在那里读书的北山娃。

在北山，人们会把某件有趣的事情浓缩成一句歇后语，或是编成一段顺口溜，本地人以"古把"称之。北山街至今还流传着与挑夫韦光金有关的一个古把："顺倒肩膀濑。"

韦光金住在街西头，老实人一个，非常爱老婆。有一次他挑担去宜山，刚从庆远镇回来，进了家门，扁担还没有放下，其妻就喊他去挑水：“顺倒肩膀濑，你去楞尧挑担水吧，要不坐下来又不想动了！”就是让他趁着还在状态，手脚还热，把该干的活先干了。韦光金听了，二话没说就挑上水桶出门了。从那以后，“顺倒肩膀濑”就成为北山的一个古把，除了有“趁热打铁”之意，也体现了夫妻间的体贴与恩爱。

马驮车拉运货忙

1954 年，国家开始修建宜山至北山的公路，由宜山城郊龙塘起，经南山寺、五拱桥，出太平林区直达北山街，1955 年建成通车。1957 年，国家又组织修建北山至白龙接都安拉仁至红渡的公路，1958 年 10 月竣工通车。

公路的修通让北山山地商贸圈拥有了物资流通的动脉，极大地改善了北山山地商贸圈的交通条件，也改变了北山山地商贸圈的运输方式。汽车在那时尚未普及，故总体而言运力有限，于是，挤占了挑夫生存空间的是马车运输而非汽车运输。

不过，哪怕马车运输因为有性价比的优势而逐渐取代了北山传统的挑夫，挑夫所具有的吃苦耐劳的精神也依然是成为马车夫、从事马车运输工作的最基本要求。此外，马车夫还要有一定的眼光，要敢闯敢拼，更要乐于抱团，有互相帮助的自觉。可以说，当时赶马车的大都算得上是北山街的“狠人”，个中艰辛，一般人是吃不消的。

那时候赶马车是增加生产队收入的一个副业，马车夫需要向生产队缴纳一笔费用才能加入这个行当。大多数马车夫是不甘于在生产队里做一个普通农民，加上家里孩子多，经济压力比较大，才去赶马车的。

马车队一般是白天在北山装好货物，傍晚出发，趁着晚上凉爽赶路，第二天一早赶到庆远镇。卸货后稍事休息，下午装好货物，到了傍晚又往北山赶。马车队极少有单独出车的，至少要有两驾马车同行，原因是路过大塘坳、龙桥林场时，有诸如“Z”字坡这般既陡又长的路段，一人一车很难通过，往往需要通力协作，一人驭马，几人在车后用力推，如此一驾马车一驾马车地通过。上坡的过程中，若马实在顶不住了，还需要用路旁的石块垫住车轮，让马稍微歇息后再继续前行，爬上陡坡。*

* 马车夫特别疼惜他们的马，常用鲜鸡蛋、炒黄豆来喂马，让马儿有更好的体力。在那个物资匮乏的年代，马儿的吃食让我们羡慕不已。

马车队中的欧英祥、韦远扬、罗尚青、梁纯、杨振华都是我们第五生产队的社员。印象中，欧英祥是马车队中最有闯劲的。得空时，他就把他在庆远镇了解到的一些事情当作故事讲给我们听，我们总听得津津有味。

韦远扬住在街西头尾。我和他的大儿子、二儿子是发小，于是经常跑到他们家去玩耍，有时也会缠着他给我们讲民间故事。* 记得有年春节，他结合赶马车的生活，写了这么一副春联并贴在自家大门上："乐日日车滚，喜岁岁平安。"有人说他没有"政治挂帅"，他坦然回答："一个老百姓，平安、有事做、有钱赚就得了。"

* 韦远扬家一向是北山街西头的孩子们的乐园。除了他和他爱人性格比较随和，一般不会干涉我们的言行，更重要的是，在那里我们时常能听他讲民间故事，比如《秃尾龙》《地皮卷》等。

20 世纪 80 年代，自行车成为北山街做成衣生意的人的主要运输工具。男女青年坐车到柳州去进货。除了在北山街销售，他们还用自行车装上成衣去北山山地商贸圈中的拉仁、索潭、北牙、石别等处出售。**

** 有一段时间，家妹丽君也是赶圩做成衣生意队伍中的一员。那时我已去桂林读大学，趁着假期也骑自行车帮妹妹跑了几趟。这样做生意是能赚到一些钱，但非常辛苦，特别是返程的时候，此前已在圩场上站着叫卖一天，午餐只是一碗米粉，散圩时已经又累又饿，却还得打起精神骑上自行车驮着剩余的成衣往回赶，到家时天都黑了。

汽车运载货与人

宜山、北山、都安之间的公路修通后，汽车开始承担北山山地商贸圈的部分客运和货运。

一开始，汽车的运力不及马车。到改革开放初期，汽车更为普及，运力大增，马车就慢慢退出了历史舞台，马车夫这一职业也慢慢从人们的视野中消失了。与此同时，汽车运输也创造了一个新的就业机会，那就是为汽车装货和卸货。这是一种纯体力劳动，不是每一个人都有机会、有能力参加的。我沾了家父在供销社任职的光才有机会参与，干的主要是土特产装车和化肥卸货的活儿。土特产装车是把收购到的水果、龙须草、北山帽等装上货车，还算轻松。化肥卸货要辛苦得多，尤其是卸磷肥，作业过程中的污染非常严重，卸完一车磷肥，不但头发、衣服都脏了，连鼻涕都是黑的。

那时每天会有由宜山汽车总站承运的宜山—拉仁、宜山—百旺两条线路的班车经过北山，宜山—拉仁的车当天往返，宜山—百旺则是过夜车。虽然当年的客流量不大，但因为班次少，车上还是比较拥挤的，逢年过节更是满足不了需求，有时候到北山时已经满员，停了车司机也不开门，人们为了乘车就会爬车窗挤上车去。* 而这又导致更多的时候班车到站后司机连停车也不敢了。

家父因为多年供职于供销社，又做过一段时间的采购员，故与宜山汽车总站有工作上的联系，加上本来就好客、喜欢交友，家父认识了一些汽车司机，还与其中一些人成了好朋友。于是，遇到我家的亲友需要乘车去宜山时，家父会在前一天或者当天上午去了解当班的司机是谁，如果是熟人，就会和对方打个招呼，约好下午时分带人去下龙村候车。

家父的这种关系还救过人命。有一天，北山街街中间郭亮谋的弟弟突然受伤，生命垂危，需要立马送往县城医院抢救，但当时医院的救护车已另有任务。家父知道情况后，跑到下龙村公路边，拦住

* 20世纪80年代我去桂林读大学，在柳州转火车时就采用了类似的做法——在柳州站下车后尽量不出站，以便在南宁至桂林的92次特快列车进站后能够快速爬车窗进入车厢。后来，车里的乘客为了避免麻烦，到了柳州站干脆就关上窗。于是，为确保能够上车，我会想办法联系在南宁上车的同学，提前知晓他们所在的车厢，火车进站后就直接跑到对应的车厢。同学见到我后，就会打开车窗让我爬进去。

虽然赶圩的方式已经发生了巨大的变化，但在圩市上依然能看到身背竹篓、怀抱孩子的赶圩人　吴继春／摄

了一个朋友开的货车，及时把伤者送到县城医院，抢回了一条命。*

改革开放初期，拖拉机，尤其是手扶拖拉机也开始在北山普及，推动了北山山地商贸圈物资运输的发展。随着改革开放的不断深入，特别是国家村村通工程的推进，北山山地商贸圈的交通发生了翻天覆地的变化。当年赶马车的一批人，以梁纯为代表，先后加入汽车运输的行列，北山汽车运输的规模越来越大，客运甚至远达广州、深圳、东莞等地。村上人家也慢慢开始拥有农用车、摩托车、电动车等，徒步等赶圩形态日益淡出人们的生活。如今的北山，人们更容易相聚，商贸更容易开展，文化也更容易融合了。

* 家父在宜山汽车总站结识的朋友也常到我们家来，记忆中有廖鸿辉、陈志革、吴春林等。1983年家父因病抢救无效在医院过世。当时我们找不到能将遗体运回北山的车子，大表哥韦胜军就向廖鸿辉等人求助。最后，正是他们派出车辆，我们才得以把家父的遗体连夜运回北山安葬。

北山商铺与商品

北山街的民居多是泥木瓦结构的长条形“竹筒房”，许是受商贸活动的影响，这些民居后来慢慢形成了前店后居、商住混杂的格局。为了方便经商，这些民居的大门多为木门，两旁的窗户也是木制的，以便在圩日拆卸，摆放商品。这样的商铺一般是自家经营的“夫妻档”，规模有大有小，货物品种有多有少，大多是在圩日才卖货。

宜山解放前，前来赶圩的商人向民众收购商品，每逢圩日，米、油、糖、豆、瓜果及禽畜产品、药材等摊位就会摆满一条街，呈现出比较繁荣的景象。宜山解放初期，农民可以自由进行市场贸易。20 世纪 50 年代初，国家实行统购统销政策，北山街的贸易规模逐渐缩小。1962 年起又开放集市贸易，完成公购粮任务后剩余的粮食也可上市，北山街又热闹了几年。

宜山解放初期到“大跃进”之前，北山街圩市十分繁荣。随着初级社、高级社及供销社的建立与发展，北山的小商小贩和车衣、打铁、修理、理发等行当的小手工业者也组织起来，成立了综合店、车缝社、铁器社、理发店等，促进了农副产品流通，更好地沟通了北山山地商贸圈的经济往来。那时的北山街，不但白天圩市繁荣，夜市生意也很兴隆，汤圆、甜酒、绿豆粥、油堆、油馍、芝麻糊、酸水米粉、油盐糕等小摊与小吃担子吆喝不停。

“文化大革命”时期，圩市活动服从于政治需要，赶圩的时间也由人民公社来规定，且经常变化，或三天一圩，或七天一圩，有时要半个月一圩，甚至曾有过一个月一圩。改革开放后，圩市活动才恢复到三天一圩，此后，北山圩市又开始日趋繁荣。到了 20 世纪八九十年代，北山街居民的收入增多了，便开始推倒泥瓦房，建起砖混结构的楼房。人们还撬走街道上的片石，改用水泥来硬化路面。

/ 流动经营：北山街的流动商铺 /

北山街街中间商铺最多，故也最为热闹拥挤，因而被北山人称为“店铺底”。除了国营的杂货铺、百货铺、书店以及民营的三家杂货铺，街中间也是流动商铺最多的地方。流动商铺指的是有相对稳定的商品销售地段（行），但没有固定铺面的商铺。换言之，每圩在同一个位置销售的业主一般不固定。

北山街的流动商铺一般都会集市成行，以便前来赶圩的购买者有效购买。在这些流动商铺中，卖米粉和各种小吃的摊点最是灵活，见缝插针地在北山街街中间以及东头、北头、西头和底下排占地经营。

牛行

牛行在北山街的东北头，离北山粮站门口不远。顾名思义，牛行自然是买卖牛的地方，此外，它也买卖猪崽，偶尔还有马匹买卖。因为是买卖牲畜之处，所以牛行比较脏臭，自然要远离街中间。

牛行的生意以冬春两季最旺，耕牛上市量最大时高达数百头。前来购牛的，除了本地客商，也有来自玉林、来宾、柳州、南宁等地的客商，甚至还有从广东等其他省份来的客商。

猪肉行

猪肉行在街中间，台案和条凳由政府搭建。猪肉行专供那些卖了一头猪给国家之后获得屠宰许可证的人家在圩日时销售猪肉。猪肉摊位讲究先到先得，价格随行就市相对稳定，但有时上午和下午也会出现价格差别。*

* 这时候街上人的信息优势就体现出来了：准备宰杀生猪售卖的人家，会在圩日下午一两点到猪肉行观察行情，如果判断这一天的猪肉不够卖的话，就会马上回家宰杀生猪并尽快拿到猪肉行去卖，这样就能以较高的价格卖出。在北山，人们称这种猪肉为“补刀猪”。

米行

米行也在街中间，主要销售本地出产的稻米、玉米、红薯、木薯、黄豆、三角麦等。后来北山山地商贸圈改为以种植糖蔗、养殖桑蚕为主，米行销售的米就基本上是从外地批发而来了。

蔬菜行

蔬菜行在街中间的底下排，最早也是以销售本地生产的蔬菜为主。雨季时水源有保障，每逢圩日，北山街以及附近各村寨都会有一些农人将种在自家后园或者自留地的蔬菜拿到蔬菜行出售。到了旱季，特别是过年期间，在蔬菜行卖菜的基本就是梅洞一带的村民了，因为梅洞一带地势低，地下水丰富，即使在旱季，水源也有保障，除了饮用还足够村民用来浇灌菜地。*

* 记忆中，临近过年时上市的大白菜以梅洞出产的为最佳，每家每户都要买上几蔸留着过年。

竹器行

竹器行主要在西街，就在我家门口一带，摆卖的大多是都安加贵一带出产的箩筐、撮箕、竹篾帽、簸箕等生产生活用品，通常由村民自制。这些生产生活用品不是谁都能够制作的，除了需要有相关原材料，还需要制作者心灵手巧，并且有足够的经验。

饮食摊铺

米粉摊

北山街的米粉，既是街上人的早餐，也是村上人赶圩时的午餐。在北山街，米粉摊开得到处都是。

受经济条件的限制，北山街人制售、消费米粉，首先考虑的是成本与售价，与此同时也没忽视口味，这就让北山街的米粉有很高的性价比。与都市里的米粉相比，北山街的米粉虽不那么精致讲究，但价格实惠，味道也不错。

旧时北山街的米粉都是手工制作的。一开始，北山街所卖米粉由卖粉人家自己制作，后来为了保证效率，就有几户人家集中起来大批量地承接蒸粉。现在，北山街已经没有人家蒸粉，市场上售卖的米粉均来自庆远镇的米粉厂。

为了增加出粉率，旧时北山人制作米粉的稻米首选陈糙米。先把糙米用水浸泡一段时间，再用石磨磨成米浆；让米浆沉淀一段时间后，将之盛在特制的锡盘中摊匀，放到大蒸锅中蒸制。蒸熟之后，把锡盘取出，待整体温度下降后把凝固定型的米粉取出，将其叠成长条形，食用时再手工切成细条。这样蒸制出来的米粉米香味浓郁，薄而有韧性，用不同方式料理，加上不同调料、配菜，就能制成多种多样的米粉。

夏天的时候，北山人家常常把蒸熟的米粉用剪刀剪成一圈圈的细粉，放在碗里，加上用水、食盐、甜酒酿等制成的酸水，辅以辣椒酱，就成了口感极好的酸水米粉。

在酸水米粉的基础上，北山人加入叉烧、花生米、绿豆芽、番茄汁等配料，搭配成夏天极受欢迎的凉拌粉。其特点是粉薄、爽、滑、软，酸辣爽口，过齿留香，与名声在外的宾阳酸粉相比也不逊色。

叉烧粉以专门烧制的叉烧为主要配菜。叉烧是选择全瘦还是五花，全凭食客喜好，通常五花叉烧更受食客追捧。北山街的商铺制作叉烧要先将五花肉去皮，用水冲洗干净后放一边晾干，再将叉烧料均匀涂抹在肉上。腌制一段时间后，把肉下入热好的油锅，用猛火把叉烧四边稍微煎硬，再用小火慢慢烹煮。这样烹饪出来的叉烧肉质软嫩、肉色鲜明，配上米粉，醇香浓郁，细腻爽滑。

吊烧食材的前期处理与叉烧相同，不同的是最后的烹饪环节不是把腌制好的猪肉放入油锅，而是将之吊在大缸中，用木炭熏烤。吊烧的特点是肥而不腻、肉香浓郁，有点腊肉的感觉。吊烧的瘦肉虽然很硬，但是吃起来一点都不柴。吊烧配上米粉，就成了吊烧粉。吊烧粉卖相、颜色都很不错，风味独特，香气扑鼻，吊烧外酥里嫩，米粉入口即化，可谓口口生香。

烧鸭粉是以烧鸭肉为主要配菜的米粉。北山的烧鸭最初是在农历七月十四为过节而制作的节日食品。北山街的烧鸭粉，历史可以追溯到清代，过去在北山街做烧鸭粉比较出名的有住在东头的吴天佑家和吴家斜对面的郑家，西头尾的韦寸和家、韦庆光家，以及街中间的蓝善玉家。旧时常常是头天晚上杀鸭，第二天凌晨起来制作烧鸭，天亮后把砍好的烧鸭和蒸熟的米粉分装好，就可以挑担游街卖了。慢慢地，粉摊发展到用家里的堂屋做门店，再后来又发展到去店铺底摆摊卖粉。烧鸭粉的口味主要取决于烧鸭的品质。烫好米粉，砍几块烧鸭，再根据个人喜好加辣椒、陈醋、葱花、蒜蓉，以及番茄汁、酸豆角、马蹄香、萝卜干等调料、配菜，就成了色香味俱全的烧鸭粉。嚼一块烧鸭肉，嗦一口米粉，米粉的嫩滑和烧鸭肉的香甜混合在一起，唇齿生香。

鲜肉粉是北山街最大众化的米粉，使用精选并腌制好的猪肉和米粉混煮，成品香甜可口，物美价廉。稍微讲究一点的，除了猪肉，还会加入猪肝、猪肠同米粉混煮，称三鲜粉或猪杂粉。

割肉煮粉现今在宜州特别有名，甚至把店开到了南宁。其实，北山街的割肉煮粉历史也相当悠久。屠户佬在家把猪宰杀刚拿到街中间的圩亭出售时，来买猪肉的人往往还不太多，也正是吃早餐的时候，屠户佬就会自己动手把他们认为一头猪身上最好吃的部位，如隔山肉、粉肠头、里脊肉、猪肝等拿到就近的粉摊，请摊主将之同米粉混煮。割肉煮粉汤甜肉鲜粉香，吃后回味无穷，很受人们欢

割肉煮粉集中了猪身上最好的部位，味道鲜美。有丰富的自选调料、配菜，似乎是广西米粉的“标配”，割肉煮粉自然也能调和包容不同味道，满足人们的不同口味　吴继春／摄

迎。不过那时候经济困难，一般人是吃不起割肉煮粉的。直到进入 21 世纪，生活有了极大的改善，人们在吃饱穿暖之后开始追求更有质量的生活，开始讲究吃穿用度，割肉煮粉这类食物才有机会勃兴。

捞榨粉是北山街较为独特的米粉，可能是因为制作比较麻烦，所以一直不太普及。捞榨粉需要将糯米和粳米按一定的比例浸泡，粳米米香浓郁，糯米则带有黏糯的口感，将这两种米混合泡到九成软后打磨成浆，水沸后用漏筛均匀地将米浆在沸水上方来回摆动，经漏筛滤出的米浆遇沸水便定型成条。这样制作出来的米粉既细腻又富有韧劲，口感顺滑又筋道弹牙，配上碎肉、烧鸭、葱花、蒜蓉、辣椒等即可食用。捞榨粉嫩滑、爽脆、香甜、味鲜，大家吃多了一般的米粉，也会去吃捞榨粉换换口味。

狗肉摊

同样是北山山地商贸圈的传统风味，与米粉相比，北山狗肉则稍显小众。旧时北山狗肉摊所用之狗，多是农家养的土狗，平时随意放养，养大后遇到家中需要钱的时候，就把狗拿到北山街卖给经营狗肉生意的摊贩。*

那时北山街卖狗肉的人不多，印象中只有刘玉辉和邓老水会在圩日时制作并出售狗肉，其中刘玉辉的摊点最有名。**

每逢圩日，下午一两点钟，赶圩的人逐渐增多。午饭后，刘玉辉就把铁锅、木柴、碗筷和他此前处理好的狗肉搬到街中间的圩亭之中，架起三脚灶，放上铁锅，加入狗肉和适量清水，燃起柴火，小火慢慢焖煮。食客到来时，先由食客挑选狗肉，刘玉辉再将其切成小块，并配上用香椿芽或马蹄香加辣椒配制的蘸料。这样烹制的狗肉，就是北山的清水狗肉了。

* 农家的土狗一般是由家里的孩子负责喂养，人狗之间自然会产生深厚的感情。因此，如果说家长是从经济需求出发而要出售狗的话，对于喂养狗的孩子们来说，是很不愿意家里这么做的。

** 刘玉辉喜欢喝酒，晚上喝到七八分醉，就习惯从北山街的西头尾走到东头，又从东头返回西头尾。只要他出现在街道上，满街的狗都会狂吠起来，并且是随着他的行走一段一段地吠，此起彼伏，直到他回到家中。老人们都说狗是有灵性的，或许这是狗闻到了他身上的杀气而做出的反应。

后来有人觉得清水狗肉味道不够浓烈，吃起来不太过瘾，就把煎好的狗肉直接切成小块放到铁锅中，加入生姜、陈皮、八角、酒等调料不断翻炒，然后加水焖煮一段时间，起锅后同样配上用香椿芽或马蹄香加辣椒配制的蘸料，制成黄焖狗肉。

圩日在圩亭吃狗肉的人通常是来赶圩的中老年男性，他们在圩场遇到很久不见的好友，便会邀请对方到狗肉摊，吃肉喝酒聊家常。* 聊到开心处，往往还要猜上几码，有时候要喝到散圩时才尽兴，踉踉跄跄地各自返家。有的人还会断断续续地唱上几句歌谣，惹得一群孩子追随其后……

* 当时人们常喝的是民间称作“土茅台”的农家自酿的大米酒或者玉米酒，质量有好的也有一般的，价格都相对便宜，20世纪七八十年代在北山一带很受欢迎。

酸摊

《徐霞客游记》中记录了徐霞客游至庆远时被当地人以腌制食品款待的故事：“主人韦姓，其老者已醉，而少者颇贤，出醇醪醉客，以糟芹为案。山家清供，不意诸蛮中得之，亦一奇也。”游记中提及的“糟芹”，便是经过腌制的果蔬，一些观点认为这就是现在人们所说的酸嘢。北山山地商贸圈也地处“诸蛮”，酸嘢很早就是北山人非常喜爱的小食，尤其是盛夏时节，人容易疲乏、缺乏食欲，一碗清粥，一碟酸嘢，就是北山人的消暑佳品。

北山酸嘢，既有腌制时间长，味道辣烈、酸浓、品陈的，也有生冷、新鲜、淡酸、微甜的，大多采用来自北山山地商贸圈的桃子、李子、梨子、豆角、黄瓜、阳桃*、辣椒、藠头、刀豆、佛手瓜、萝卜等时令果蔬，配以醋、辣椒、白糖等腌制而成。各色酸嘢中，萝卜酸最受欢迎，常见的萝卜酸按其形还可分为萝卜片、萝卜丝、“萝卜龙”等。

旧时北山街售卖酸嘢的除了住在街中间的伍瑶璋，还有住在北山小学大门口的方婆和住在西头尾的梁老奶。方婆卖酸嘢有地利之便，食客以小学生为主。每逢放学，方婆的酸摊前就会挤满买酸嘢的小学生，甚至在课间也有学生跑去买酸嘢。梁老奶的酸摊无地利之便，故需要流动销售，或是把酸摊摆在西街的家门口，或是把酸摊摆到街中间。

遇到放电影的晚上，这些酸摊都会离开白天摆摊之处，搬到放电影院子的门口附近，在销售酸嘢的同时，一般还会卖炒得香喷喷的南瓜子或葵花子。

米粉、狗肉、酸嘢都是北山的日常吃食。由于经济条件的限制，北山还有一些美食在旧时无法经常制作，只有在节庆时才有出现的机会。

* 北山一带出产的阳桃大多呈黄色，吃起来基本上是酸的，适合用来做酸嘢。梅洞村的阳桃则是白色的，并且很甜。有趣的是，在北山山地商贸圈中，阳桃可能是唯一与农具有关的水果——传统农具中有一种用于平整耕地，尤其是平整水田的工具，因其横截面与阳桃一样似五角星而被称为“阳桃碌”。阳桃碌通常是由牛拉着在水田中前进，驾驭阳桃碌的人需要长时间横跨其上，既需要技术，也需要体力。

/ 坐地经营：北山街固定商铺 /

宜山解放前，北山街可以说是全街皆商，当时面向街道的房屋的门面，基本上都是木门和木窗，方便在圩日卸下门板打开木窗摆卖商品。这些家庭可以视为固定商铺。新中国成立后，随着国家经济政策的推行，北山街“全街皆商”的现象逐渐消失，固定商铺主要由国营的商铺和少量打着合作社旗号的个体商铺构成。改革开放后，北山街全街皆商现象重新出现，国营商铺逐渐消失，个体商铺则开始遍布北山街。

民营杂货铺

新中国成立后，北山街固定的民营杂货铺，主要有樊家、陈家、覃家。这三家杂货铺根据国家相关政策营业，相隔不远，都在街中间最适合做生意的地方，并且都是前店后家的格局，他们的货源也大多来自供销社。

樊家杂货铺的主人名叫樊宏光，后来接手经营的是其五儿子樊亮星。樊家杂货铺在街中间的南边，离供销社的日杂店只隔着四户人家。三家民营杂货铺中，樊家杂货铺的面积最大，货物也比较多，加上经营有道，樊家杂货铺在当时的北山街生意最为兴旺。

覃家杂货铺的主人名叫覃乃芬。覃家杂货铺在街中间的北面，在樊家杂货铺的斜对面，与樊家只隔着一条街道，但规模比樊家小。

陈家杂货铺的主人名叫陈清德，因总是笑容满面而被称为“陈笑脸”。陈家杂货铺也在街中间的北面，与覃家杂货铺仅隔着一户人家。

当时这三家杂货铺名义上都是合作社性质的综合店，但实际的经营都还是各自独立进行的。这三家杂货铺比供销社的日杂店要亲民一些，在一定程度上和供销社日杂店互为补充。

国营商铺

过去，北山街的国营商业机构主要有供销社、食品站、粮站。在公社化时代，供销社、食品站、粮站等一般设在公社所在地，大队通常是不会设立这些商业机构的，而北山却拥有这类商业机构，北山山地商贸圈的特殊性和北山街商贸的影响力，由此可见一斑。1987 年，北山大队变成北山乡，1998 年又因有突出的商品经济因素撤乡改设北山镇，倒是给北山供销社的存在提供了合理的理由，不过那个时候，北山供销社似乎已经过气了，可谓“三十年河东，三十年河西”。

供销社

供销社是供销合作社的简称。在计划经济时代，供销社作为农村唯一的商品供应部门，一般开在集镇上，售卖百货、食品、五金、农用物资等，同时在每个大队所在的村屯设置代销点。

1957 年末，北山供销分社成立。20 世纪 50—70 年代，由于物资短缺，供销社里卖的东西不多，主要是日用商品和农资产品等。

为保证人人都能买到基本生活用品，对紧俏物资，供销社采用发票证的方式供应，买东西时需要人民币加票证，缺一不可。那时票证种类之多，使用范围之广，过来人一定都还记忆犹新。用来购买基本生活用品的有粮票、布票、油票、煤票等，用来购买其他日用品的有肥皂票、火柴票等，用来购买副食品的有肉票、豆制品票等，用来购买大件商品的有自行车票、缝纫机票、电视机票、手表票等。

当时，只有布票是全民皆有的，用于购买其他日常生活用品的煤票、肥皂票、火柴票等，基本上每家也会有。粮票、油票、肉票等，主要供应非农业人口，农业人口要有一定的条件才能够拿到一点。而像自行车票、缝纫机票、电视机票、手表票等则是非常稀有的，当初谁能弄到一张，那就是很了不起的了。* 无论何种票证，都有一定的时限，过期作废，没有商量余地，这是最让人头痛的地方。

* 1978年我考上宜山县师范学校，家父设法弄到一张手表票，给我买了一块上海牌的半钢手表。1980年12月毕业后，我分配到梅洞小学，还是家父弄到了一张自行车票，买到了一辆五羊牌自行车，这也是我们家第一辆自行车。当时，有人购回自行车后担心经常出借会有所损坏，同时又担心不借会伤了和气，就用绳索把自行车吊在屋梁上，如果有人来借车，就说自行车已经被借走了。

北山供销社的商品销售由分布于街中间的日杂

店、百货店、粉店、新华书店来承担。

北山供销社的日杂店在街中间的南边，两层楼，是圩市传统的竹筒房，只有一楼的前半部是出售商品的地方，一楼的后半部和二楼则是仓库。日杂店主要出售香烟*、白酒、酱油、盐、煤油等，都是日常生活必需品，其中尤以对煤油的需求最大，因为当时北山一带尚未通电，煤油是当时主流照明灯具煤油灯的主要燃料。

那时北山使用的煤油灯主要有灯芯灯和汽灯两种。家庭用的主要是灯芯灯。灯芯灯使用棉绳作为灯芯，灯头通常以铜制成，灯座和挡风用的灯筒则用玻璃制成。向灯座内注满煤油后，棉绳便把煤油吸到绳头上，这时只要用火柴点着绳头并罩上灯筒，便完成点灯。

虽然日杂店和杂货铺一般都有煤油灯出售，但受经济条件限制，大多数人家能有一盏煤油灯就不错了，故煤油灯通常放在堂屋使用，以尽可能放大照明范围，有些时候还要“灯跟人走”，按照需要轮着用。为了解决灯少人多的矛盾，北山有些人家就自制煤油灯——找一个旧墨水瓶，在瓶盖上钻个洞，在洞口固定一根铁皮圆管，然后用棉线做灯芯穿过，利用灯芯的毛细吸附作用把油吸上来供灯火持续燃烧。

* 20世纪六七十年代，北山销售的香烟主要是“红灯”和“经济”两种。这两种烟的质量乏善可陈，据说抽经济牌香烟之前还必须吹一下，把烟卷里的泥吹出去。这两种烟主要是以廉价取胜，但受制于当时的经济条件，这两种香烟也不是想抽就能买的，更多的人只能选择“广播筒”：随手用纸把自产的烟丝卷成广播筒状，用口水粘住后抽。

汽灯又称压力灯，是一种利用煤油蒸气在纱罩上燃烧发光的灯具。汽灯点燃后可发出白炽光，亮度比较大，照明的范围也比较广，然而汽灯不但耗油多，而且每次都要耗费一个纱罩，成本颇高，故一般情况下不会用到汽灯，只有遇到家里有大的聚会或者生产队、大队在夜间有大的活动时才会动用。*

* 1977年我高中毕业回乡务农，有机会加入北山大队的宣传队，经方金老师传授才学会点燃汽灯（点燃汽灯是需要一定技巧的）。之后每当宣传队晚上排练或演出，我都要提前去把汽灯点亮用于照明。

煤油在当时也是凭票供应的物资。1980 年前后，虽然北山街已经采用柴油机发电来解决照明问题，但附近的村子仍然依靠煤油灯。那时我在梅洞小学任教，每名教师每月只供应两斤煤油，学校总务蓝天星老师知道我因为要准备参加高考每晚都看书到深夜后，还设法每月多给我一斤煤油票。

北山供销社的百货店主要经营鞋子、袜子、针线、牙膏、牙刷以及各种布料。**

** 少年时代的我与百货店关联不大，唯有两种商品让我记忆犹新。一是毛线。我家的孃不但多，而且个个心灵手巧，我们兄妹四人的毛衣都出自孃孃之手，1984年我去桂林读大学时穿的毛衣就是三孃织的。二是鞋子。夏天我们穿的是家母从百货店买来的塑料凉鞋，冬天则是解放鞋。有一年我负责喂养的十来只鸭子上市后，蒙家父准许用卖鸭子的钱去百货店买了一双回力牌球鞋。

虽然北山街米粉的历史非常悠久，但在计划经济时期，各类粉摊的生意一度凋零，只有供销社的粉店还在经营。北山供销社的粉店先是在北山小学门口不远处，后来搬到了西头尾。供销社的粉店，经营的品种非常单一，只卖煮粉——素粉和菜（肉）粉。每碗米粉都要二两粮票或者二两大米，同时素粉还要交五分钱，菜（肉）粉则要交八分钱。直到改革开放之后，北山街的米粉店才重获生机，如雨后春笋般遍地开花，后来甚至还有人把米粉店开到

改革开放后，北山街的米粉店、米粉摊重获生机，如今走入任意一家米粉店，都有种类繁多的米粉可供选择　吴继春／摄

了庆远镇。

计划经济时期，北山供销社的新华书店先是开在北山小学旁边，后来又搬到北山街东南面收购站的对面。这家新华书店，算得上为那时的北山人打开了一扇窗口。

北山供销社也曾经断断续续地开办过旅社，但总因为缺乏稳定的客源而难以维持。这也说明北山山地商贸圈是比较封闭的，人员往来更多发生在商贸圈内部，同商贸圈外人员的往来不多。

这些商贸机构由于与广大人民群众的生活密切相关，为了便利群众，主要设置于北山街最为繁华的街中间的位置。除了街中间，北山街的东南和东北处，也有较为重要的国营商贸机构。

北山街的东南角是一个大院子，从街中间往东走经过和平桥就到了。20 世纪 80 年代之前那一带还有些荒凉，但相对的，可以利用的空间也比较大，于是北山供销社的收购站、农资店，以及食品站、粮站等需要宽大场地的部门大多安置在这里。

那时，只要是有用之物，收购站都会收购，其经营范围超出了北山街，涉及整个北山山地商贸圈。收购站所收购的大多数物品与北山街关联不大，主要还是产自北山街之外的广大乡村。春夏之际，收购站主要收购桃子、李子、黄皮果等水果；夏秋之际，收购站就以收购梨、柚子、柑橘等水果为主。* 此外，收购站还会收购土特产。那时北山有名的土特产是龙须草和竹篾帽。龙须草是山里野生的，有时间去采割并运到收购站即可。竹篾帽的原材料竹子，有种在家边田头的，也有在山里野生的，但只有精通竹编手艺的人才能够编制。北山的竹篾帽颇具特点——竹篾精细，造型也与一般的竹篾帽不同，不像一般的竹篾帽那么大，而是与矿山用的安全帽相似，所以才有了特定的名称“北山帽”。如果是现在，倒是可以申请地理标志的。**

食品站

北山食品站与收购站在同一个院子里。在计划经济时期，北山食品站主要负责北山一带生猪的收

* 北山山地商贸圈的村屯有种植柑橘的传统。20世纪80年代，北山街人利用柑橘收购价提高的信息差，深入北山山地商贸圈中的乡村果园收购柑橘，再将之出售给收购站赚取差价。

** 我在石别中学读高中时，家父在收购站工作，我于是有机会在供销社干临时工的活——捆果筐、绑北山帽，碰上农资公司运化肥的车子到站，还可以抢卸车的活。虽然辛苦了一些，但干下来也蛮有收获的，因为这些工作都是计件付酬，多劳多得，并且都是当场兑现，一定程度地缓解了家里的经济困难。收购站还提供了解决我们兄妹上学费用的机会。有一段时间，乳鸽可以出口换外汇，所以大力提倡养殖。我们家那时有一个小天井，家父在那里养了五六对乳鸽，我们每周都可以有一对幼鸽拿到收购站出售，获得的费用就成为我们在学校的生活费。

购、运输，以及肉票发放和平价猪肉的销售。

收购生猪是北山食品站的第一要务。北山一带养猪，主要使用红薯藤、菜叶、野生艾草、白花菜等猪菜加一点米糠或玉米粉喂养，因此出栏成猪的毛重普遍不大，每头只在百来斤到两百斤。真要算起来，农户养一头猪除了赚一些农家肥，也只是得个“零存总取”的效果。* 收到生猪之后，北山食品站通常要把大部分生猪通过汽车调运到宜州，只留出一部分来供应北山街城镇居民和机关、企事业单位职工，以及卖了生猪给食品站的农户。而农户如果卖了一头生猪给食品站，除了能买到平价猪肉，还能领到一张生猪屠宰许可证，可以自行宰杀生猪并拿到街中间的猪肉行出售。

* 我读大学的时候基本没领过汇款单，因为当时家里给我的生活补贴主要是通过出售家母喂养的生猪获得，而生猪出栏通常是在暑假，我拿到母亲给的售猪款之后就上学去了。

食品站的猪肉凭肉票供应。肉票由食品公司监制，每张票证面额四两至一斤，每个居民一个月有半斤肉票，遇上元旦、过年还会增加供应。凭票供应的平价猪肉每斤八角，买一斤肉需交付八角钱再交一张一斤面额的肉票。

食品站只在圩日宰杀几头肉猪，一般是不够供应的，去晚了的人就会买不到猪肉，所以每逢圩日，一大早就有人从村上赶到食品站排队买猪肉。

粮站

北山粮站设在北山街的东北角，比收购站、食品站所在的东南角更为荒凉。北山粮站的粮仓又高又大，是当时北山街最好的一批房子。除了高大的粮仓，北山粮站还有宽大的水泥晒场，它们都是为收公粮而准备的。

计划经济时期，公粮是农业税的实物形式，由上级部门核定应上缴的指标，然后以生产小队为单位向国家上缴公粮。那时北山一带除了 323 县道没有别的公路，大多数的乡村山路崎岖，车辆难以行驶，生产队多是挑着担子、推着小推车，把公粮送往粮站。路远的生产小队更是天不亮就要动身，经过几个小时的路程才能将准备好的公粮送到粮站，排队等待验收、过磅。交公粮的时间通常在每年九月下旬至十一月底，那时北山粮站算得上是北山街人气最旺的地方，挑着公粮的人从早到晚来来往往，川流不息。于是每到交公粮的时间，天还没亮，我们在床上就会被各生产小队送公粮到粮站的脚步声惊醒。

除了收购和储存粮食，北山粮站还负责按照计划向城镇居民、职工等供应粮食。当时，城镇户口的人吃的粮食都是定额供应的，每家一本粮油定额本，也叫粮本，每人每月粮食（以大米为主，有时还搭配玉米、高粱、红薯等）的供应量也有区别。居民凭粮本到指定粮站购买粮食和食用油。此外，居民还可以根据需要凭粮本到粮站领取粮票。粮票在居住地之外也可以使用，可以凭粮票到粮站买到粮食，更可以凭粮票买到米粉、面包等食品。

每月定量供给的粮票、油票只向非农业人口发放。农业人口出售生猪给食品站可以拿到肉票，以此购买一些平价猪肉；粮票则是没有机会得到了，唯有从非农业的亲友那里才有可能得到有限而珍贵的粮票。*

粮本既是物资匮乏时代的产物，也是那个时代高层次身份的标识，甚至比户口本还重要，人们往往以拥有粮本为豪。也因此，在知道我和韬爸、韬妈在中师毕业后还边工作边复习准备参加高考时，不少亲友很不理解——这些人年纪轻轻就已经有了粮本，怎么还不满足呢？

* 北山山地商贸圈属于喀斯特地貌，到处是天坑、竖井、溶洞和落水洞，地表径流大量转入地下，导致地表干旱，灌溉、饮用水严重缺乏。因此，北山山地商贸圈的粮食生产以玉米等旱地作物为主，大米极少。非农业人口弄到的粮票，要么是买大米，要么是买面条，以备家里突然来客时煮面条做菜肴之需。这就是不明原委的人所说的“壮人不懂礼，米送米”的来处。

如今的北山镇供销社农贸市场入口　吴继春／摄

北山手工作坊

/ 铁器社 /

在相当长的时期内，北山一带十里八乡使用的镰刀、刮子等生产工具以及菜刀、柴刀等生活用具，都是由北山铁器社的铁匠们打制而成的。

北山铁器社的房子比较大，当街是两间大瓦房，后排则是三间瓦房。* 北山铁器社是由蓝彩辉、蓝彩奎、蓝义成几个蓝氏打铁世家的堂兄弟陆续从都安瑶族自治县拉仁镇棉花峒来到北山创建的。后来，铁器社的铁匠有增有减。因为我家的后门挨着铁器社又是敞开着的，这就让我有更多接触铁器社铁匠们的机会。印象中，铁匠们打制得最多的是镰刀和刮子。那时候我们也不懂什么技术，只是看到一块块生铁在铁匠们的锤子下跳跃着逐渐变成了一把把镰刀和刮子，感到非常神奇，对铁匠们也就多了几分崇拜。

* 铁器社最早只有一间当街的房屋，后来扩充为前后五间房屋，面积共约200平方米。我家是铁器社的“准隔壁”，天井和厨房同铁器社相连。那时候的房子基本是泥墙瓦房，隔音效果非常差，于是，哪怕是周末我们也都难得睡懒觉，因为铁器社的铁匠们为了养家糊口经常需要加班作业，而只要他们一工作，打击铁器的声音自然会传到我家来。20世纪70年代末铁器社引进气锤（电动锤）后，打铁的声音更是大得不得了。因此，我们一家对铁器社的打铁声尤其“刻骨铭心”。

铁器社的铁匠中，我接触比较多的是蓝彩奎、蓝彩辉、蓝嘉坤、覃志仁和蓝义成。* 蓝彩奎、蓝彩辉虽然是非农业人口，但他们的妻子和几个孩子却是农业人口，与我们家一样同属北山大队第五生产队；蓝嘉坤和覃志仁是“住社职工”；蓝义成则是“走读生”：他家在大崇村，每天早上要从家里走到铁器社上班，下午下班后又从铁器社走回家。蓝嘉坤和覃志仁给我留下的印象最为深刻。

铁器社那时有三座炉，一号炉在大门东边，二号炉在大门西边，三号炉在西后门旁边。每两人负责一炉，拉风箱拿手锤的叫上手，抡大锤的叫下手。一号炉的上手是蓝彩辉，下手是蓝嘉坤；二号炉的上手是蓝彩奎，下手是覃志仁；三号炉则只有上手蓝义成，蓝嘉坤和覃志仁轮流“客串”他的下手。

在铁器社，上手的地位要比下手高，酬金也比下手多一些。上手做的是技术活，除了要拉风箱，近距离面对热气腾腾的火炉，还要观察铁件在火炉中的情况，及时拿出来指挥下手在铁砧上反复锤打。更重要的是，上手还要负责掌握“见水”，也就是把锤打成型的铁器淬火的火候，保证刀口的硬度恰到好处，以免出现废品。下手主要是在上手的指挥下抡动大锤锤打烧红的铁器，上手的手锤打到

* 说来也惭愧，除了蓝彩奎和蓝彩辉，其他几名铁匠的名字，当年我们是不知道的。而当年我们能够知道蓝彩奎和蓝彩辉的名字，却和同他们的孩子吵架有关：那时北山街的孩子吵架，公开喊出对方父母的名字是最恶毒的攻击行为。“蓝打铁，覃打铁，打把剪刀送姐姐。姐姐喊我歇，我不歇，我要回家学打铁。”如今，这首曾在北山流传的童谣不再有人歌唱，北山铁器社也早已于1982年结束了它的使命，由集体经营转为个体经营，消失在历史的长河之中，几位老铁匠已先后离开了人世。

哪里，下手的大锤就必须跟着打到哪里；当上手拉动风箱烧热铁器的时候，下手则要忙着铲平、锉光那些即将成品的铁器。

当年我们这群孩子是非常令铁匠们讨厌的，因为我们除了会出于好奇时常跑去看他们打铁，冬天的时候我们更是经常跑到铁器社去取暖——早年铁器社生炉打铁的燃料不是后来使用的会发出臭味的煤炭，而是采自大山中的硬木烧制的木炭，因此，虽然扒弄炉火时会产生一些令人不快的灰尘，但寒风刺骨的时候能够挤在打铁的炉火边还是一件很惬意的事情。如此，铁匠们却为难了：我们不但挤占了他们的工作空间，还增加了他们的工作难度——他们一边打铁一边还得惦记着不让铁锤，特别是大幅度抡动的大锤碰到我们。

比挤在打铁炉边取暖更令铁匠讨厌的，是每年夏秋两季玉米成熟的时候我们跑到铁器社“借”炉火来烤玉米。那个时候没条件使用专门的烤炉或烤箱来烤玉米，只有在早晚做饭菜的时候才有机会在灶边顺带烤玉米。当时烧的都是杂草，烤玉米很不方便，效果也不是特别好。不知道是谁最先察觉到可以利用铁器社打铁的炉火来烤玉米，总之到后来我们都懂得到铁器社“借”炉火烤玉米效果是最佳的，因为烧的是木炭，不但烤得快，而且烤出来的玉米特别香。我们吃到香喷喷的烤玉米是开心了，只是这样一来，不但让铁匠工作不便，还使得他们的炉火效果不佳，影响了打铁的质量，令铁匠们恼怒不已。因此，他们常常威胁着要把我们的玉米扔进淬火用的脏水池里。

蓝彩奎和蓝彩辉是第五生产队的家属，与我们这些孩子的家长多少有些这样或那样的亲戚朋友关系。蓝嘉坤和覃志仁性格比较温和，因此他们虽然对我们烤玉米的行为瞪眼怒视，也说要把我们的玉米扔掉，但最后都是雷声大雨点小，有时候反倒还帮我们翻动放在炉火边的玉米。只有蓝义成，我们很难见到他的笑脸，也不常听到他说话，偶尔他还真的会把我们的玉米扔出炉外——当然没有扔到脏水池里，而是扔到地面上。

蓝嘉坤和覃志仁可谓是铁器社的“全职员工”，不仅工作在铁器社，吃住也在铁器社，下班后围着打铁的炉子将食物煮熟就能解决一餐。蓝嘉坤在铁匠中的辈分最高，身材也比较高大肥胖，宽宽的额头，方脸，头发向后翻，颇有几分大领导的风范。覃志仁见人一般报以微笑，不怎么说话，身形也比较清瘦，乍看之下很难想象他有足够的力气抡动大锤。

铁器社的铁匠大多嗜酒如命，除了蓝义成要回家，其他铁匠喝酒的场景，我大多是见识过的，尤其是蓝嘉坤和覃志仁，每天可以说是无酒不欢。可能是出于工作的考虑，他们午饭一般不喝酒，但到了晚饭，酒就不可少了。

蓝嘉坤喝醉后常常会唱“昨夜逢君饮几杯，肚里无天却有雷。天上白云关不住，墙角倒画一枝梅”的歌谣。覃志仁喝酒之后话多了起来，有时也会唱起我们难以听懂的古老歌谣。* 想想也是，这两名铁匠为了养家糊口，背井离乡，辛勤劳作，不但需要借酒消愁，也需要以歌解忧。或许，这也是广西能够成为“歌海”的一个重要原因。

* 都安的瑶族支系布努瑶擅长歌唱，世代流传有创世史诗《密洛陀》。蓝嘉坤的二儿子蓝怀昌是广西著名作家，广西文联原主席，曾组织搜集翻译整理出版《密洛陀》。可惜当年未能注意覃志仁所唱歌谣是否与《密洛陀》有关。

覃志仁的大儿子覃乃龙和蓝嘉坤的四儿子蓝怀新都曾经随父来到北山，在北山小学念过书。据说，乃龙和怀新后来都子承父业，在老家索潭为乡亲打制铁器。

/ 车缝社 /

历史上，北山山地商贸圈各族人民都以家庭为单位纺纱织布缝衣，也出产过壮锦。《庆远府志》有云：“土锦各处皆有，永定、忻城精致。”壮族崇拜花，视花神即花婆为护佑孩子的生育神，人们往往将壮锦上的鲜花纹样视作花婆的化身，认为用壮锦做背带能保佑孩子安康。因此，作为广西纺织技艺代表的壮锦，明清时期多用作被面、背带和襁褓，成为桂西北一带送嫁妆、看小孩的重礼。** 后来，壮锦渐渐在北山山地商贸圈消失，民间鲜少再自行制作衣服。但规模化的成衣制作与销售并未在那

** 1995年犬子亦阳出生后，家母按照家乡习俗，特意做了一面背带送到南宁给孙子，以保佑其快快长大。

之后就迅速在北山山地商贸圈出现，故商贸圈居民的服饰问题主要由半现代化的车缝社来解决。

衣服缝制最初是家庭式的，后因国家政策，这些家庭作坊才汇合到一起，成立了北山车缝社。这也导致北山车缝社一直都是“居无定所”——先是在各家各自营业，后来又分别租借李定家家、韦克群家的前半部分来集体营业，再后来，到了 20 世纪 80 年代才集资在东头新建的电影院旁边建起了车缝社。但不久后，车缝社随国家政策的调整解散了，这间房子最终出售给了个人。

20 世纪七八十年代，北山车缝社由以下家庭组成：李定家、芦静娴一家*，韦宏华、石旦如、达三一家，郭环、韦严英、蓝月梅一家，郭馨、韦利英一家**，莫进熙、樊秀娥一家，邹有发、梁淑琼一家，蒋杰、祝琦一家，蓝启基、蒙素娥一家，姚庭英、韦彩凤一家，以及郑桂藏一家***。由家庭汇合集体经营的车缝社还是以家庭为单位相对独立地运行，大体呈现出男人裁衣服、女人车衣服的分工模式。****

在这些家庭中，虽说男子有更多的机会能够掌握好裁缝手艺，而他们的妻子基本上仅是普通的家庭妇女，没有机会上学，但她们能够很快掌握车衣服的手艺，倒也显示出北山女性的独特才华。

* 李定家夫妇的裁缝手艺是车缝社最棒的，当时特别受北山山地商贸圈年轻人的追捧。李定家曾当过国民党的军官。他为什么还可以做裁缝呢？这个问题是当时最让我们困惑的。

** 郭环是我外公，与外婆蓝月梅共同从事裁缝；郭馨是我的叔外公，与叔外婆韦利英一起从事裁缝。

*** 郑桂藏是北山车缝社年纪最大的裁缝，因年纪大人又善良，得一“郑老鬼”的昵称。

**** 后来蓝启基与蒙素娥离婚，蒙素娥就只好既裁衣又车衣，成为车缝社唯一一个既裁衣又车衣的人。她不但养活了自己，还把蓝启基的侄女接来抚养。

那时买布需要凭票购买。布票供应最少时每人每年只发5尺布票，最多时每人每年也只有15尺布票。由于布票有限，传统的土布还有一定的生存空间，主要是用来缝制老人的衣服。*受此限制，在那时，衣服并不像现在旧了或者不喜欢了就可以替换，而是直到破了或者不合身了才有机会换一套新衣服，因此每人每年能有一套新衣服过年就很不错了。于是，每年过年前是车缝社最忙的时候。

车缝社的各家各户一般只负责裁衣、车衣，给衣服锁边钉扣的辅助性工作则交由另外的妇女负责，通常是自由组合，选择的主动权在裁衣车衣这一方，一般会优先考虑有亲戚关系者。正是凭着亲戚关系，家母才有机会承接锁边钉扣的业务，而且承接的是外公外婆和叔外公叔外婆两家的活计。这让我们家多了一个稳定的经济来源，也是我们得以过上较好生活的保障。**

那时车缝社制作的衣服除了青年装、中山装，更多的还是唐装，是需要钉上手工编结的布扣的。编结布扣也会剩余一些布头布尾，可以用来补衣服，还可以用来拼制被面。

* 也正因为如此，北山街的染布摊才得以持续较长的一段时间。那时已不再使用蓝靛等植物染料，而是使用物美价廉的化工染料来煮染土布。20世纪70年代中日关系正常化之后，国家开始从日本进口尿素。日本产的尿素袋子以一种白色的化学纤维织成，有人发现把袋子染黑可以做裤子，而且很结实，就有人穿起了这样的“尿素裤”。

** 编结布扣不是谁都做得来的，得心灵手巧才行。旧时，我家只有一盏煤油灯，晚上多是我与母亲相伴在油灯下——母亲编结布扣，我在一旁读书。也曾因想帮助母亲而向母亲学习编结布扣，但不管怎样努力，最终总是编结不成。

北山民间文化

▼北山童谣没有乐谱和统一格律，音节往往和谐押韵，内容大多诙谐幽默、想象丰富且朗朗上口，也不需要谁来特意传授，都是在一代代人的生活和游戏中口耳相传，一个个稚嫩的心灵就在歌谣的传承中获得熏陶。

北山娱乐活动

/ 俗语与歌谣 /

北山的俗语

北山山地商贸圈聚居着壮、汉、瑶、仫佬、苗等民族，流通的语言主要是汉语和壮语。北山人使用的汉语属宜州话，是西南官话桂柳话的再分支，基本上与宜州话相同，但也有个别词语不一样。比如“吃饭”的“吃”，宜州话是卷舌的“chi”，北山话却是不卷舌的“qi”，反倒是梅洞村与宜州一样说“chi”；“饭碗”的“碗”，宜州话是“wan”，北山话却是“wuan”。

北山山地商贸圈盛行的壮语属于北部壮语，主要使用于乡村峒场，在北山街也有使用，但相对于汉语则属于非主流。* 在长期的语言交流和文化交融中，北山形成了有地域特色的汉语方言，如表示吹牛的“扯大炮”，表示拼命的“搏命”，表示浑水

* 北山街一些家庭中的老一辈人还是使用壮语来交流。我在梅洞小学做老师时，班上有些孩子不太会讲汉语，我就得学习一些壮语来与他们交流。那时候我经常去韬爸家，他家里的老人不怎么讲汉语，我就有意学习壮语以便能够与老人们交流。即使是相互之间主要使用汉语的家庭，有时候也会使用壮语。在我小时候，父母在交流一些他们认为有必要瞒着我们的事情时，就往往使用壮语。

摸鱼的“搏乱”，表示棺材的“长生”，表示坐不住爱东走西串的“三脚猫”，表示眼镜蛇的“扁头风”，表示蟑螂的“骚甲”，表示青蛙的“蚂拐”，表示蜻蜓的“羊咩咩”，表示蚯蚓的“鸭虫”，表示马蜂窝的“吊噜”，表示从中破坏的“弄水”，表示喜欢的“甜水”，表示丢脸的“铲脸”，表示明白的“醒龙”，表示精神抖擞的“雄头”，表示出众的“狠”，表示逛街的“赶该”，表示毛衣的“郎衣”，表示贪便宜的“搏底”，等等。

受壮语的影响，北山人说汉语时，一些词语的词序会发生变化，如“先走”变为“走先”、“要紧”变为“紧要”、“腥臭”变为“臭腥”等。而受商贸影响，在北山，一些汉语词语也发生了变化。如人们把“舌头”说成“脷钱”，因“舌”与“蚀”音近，做生意最忌蚀本，故凡“舌头”都用“脷钱”代替。又如把“猪肝”说成“猪润”，避开生意忌讳的“肝”（干、干枯），变成表达生意有利的“润”（利润）。再如把“铺子”说成“门面”，因为“铺”与“破”谐音而被认为不吉利。

北山话在发展过程中随着社会变迁形成了一批独具特色的俗语。如“碰见石头讲半天”用以比喻话特别多，“最大不过芭蕉叶”用以比喻没什么了不起，“修得庙来鬼也老了”用以比喻做事极端地慢，“蛇大窟窿也大”用以比喻收入多支出也多，“牛死眼睛定”用以比喻已成定局，“门背舞大刀”用以比喻只是嘴硬的人，“狗死跳蚤死”用以比喻为首者一垮台依附者也随之倒霉，“专吃剥皮粽”用以比喻专占别人便宜，“肉烂在锅底”用以比喻财物虽乱但没有外流。

除了上述俗语，北山人还善于把生活中的一些人与事总结归纳成古把来流传。

“哪个和你讲外国”说的是北山街底下排蒋益隆的一件趣事。他专打银器，经常到北山山地商贸圈中的圩市去卖银器。有一次他与别人吵架，他很自豪地说：“你这个瘸脚蚂拐走不出方圆几丈远，有什么本事？北牙、拉利我都去过，难道还怕你！”有人听了忍不住问他：“那柳州你去过吗？”他听后愣了一下，恨恨地说：“哪个和你讲外国？”

“龚茂荣洗的凉——各有各部门”与“大跃进”时期参加大炼钢铁运动的北山青年龚茂荣有关。当时环江建炉、采矿、砍树、烧炭、运输等，都需要大批劳力，九万多人奔赴“钢铁战场”，其中还有邻县来支援的公社社员，北山一批青壮年也受命参加突击队。他们经常日夜不停地连轴苦战几个通宵，十分疲惫，时常累得倒地就睡。后来，北山突击队有机会到庆远镇四分社的客栈住一夜。当年的客房没有卫生间，只有几个公共浴室供客人们洗澡用，大家争先恐后地抢着洗澡。后来大家发现龚茂荣进入洗澡房后久久没有出来，因为担心他出了什么问题，就去敲洗澡房的门，却听到“敲什么敲，各有各部门，我们睡一下，关你什么事！”的回应。原来，龚茂荣累得连洗澡时都以为还处在钢铁大会战的工作中……

北山的山歌

> 唱山歌，这边唱来那边和。
> 山歌好比红河水，不怕滩险弯又多。

这首山歌传唱于以宜州为核心的刘三姐歌谣文化圈，后来把“红河”改为“春江”，并因作为插曲在电影《刘三姐》中使用而广为人知。早在清代乾隆年间，庆远知府商盘的《宜阳行春词》中就反映了壮族青年喜爱歌唱的传统：“蛮村儿女连群出，不打秋千但唱歌。”宜州是“歌仙”刘三姐的故乡，地理上处于宜州的北山山地商贸圈，自然也有唱山歌的传统。民国时期北山诗人梁佩南《馆中即事三首·其一》也写道：“日长如岁寂难过，童冠三三共切磋。课罢时闻求友韵，事闲且听唱农歌。屯稀自觉琴书少，山近由来花鸟多。谈笑相逢皆稼穑，兴余卮自畅吟哦。”此处的“农歌”即山歌。

有一年我和爱人回北山过春节，在底下村散步时遇到我小学同学蓝美云的父亲蓝朝荣。蓝朝荣在宜山解放前曾于北山大地主祝家做过负责榨油的长工，宜山解放后作为苦大仇深的贫雇农还到学校给我们做过忆苦思甜报告，后来又成为北山大队的赤脚医生，在北山也算得上是知名人物了。那个时候我正在进行有关刘三姐歌谣的研究，一路上就和老先生聊起北山一带唱山歌的传统。没料到这就搔到了老先生的痒处，他兴致勃勃地和我们谈起他青年时代学唱山歌、以歌交友、以歌传情的经历，真可谓精彩纷呈。从他的飞扬神采中，可以想见那些日子应该是他一生中幸福指数最高的时光。

唱山歌算得上是老北山人的优良传统，据说这是因为宜州出了歌仙刘三姐，北山人也跟着喜欢上了唱山歌。在过去，北山一带男女青年多以歌传情，互诉爱慕之情，尤其是在中秋之夜，更是对月当歌，“八月十五一条街，哥送月饼妹送鞋。哥的月饼花钱买，妹的鞋子手上来”的歌谣即为中秋佳节时以歌诉情的一个例子。历史上也确实有不少男女青年是通过山歌相恋并最终成家了的。

我外公郭环年轻的时候也喜爱唱山歌，婚后依然时常到板敢、塘利一带往北山赶圩路上的“马屁股”和别人对唱山歌。我家表叔娘何凤仙也是北山一带有名的歌王，每次家庭聚会，酒喝到六七分，她就会给我们唱山歌，讲年轻时对唱山歌的故事。

北山老街坊罗尚青中年丧妻后一直郁郁寡欢。他在羊角村有一好友潘志斌，颇为风趣，擅唱山歌。一次，潘志斌怕罗尚青想不开，便唱了一首山歌来逗趣他，希望能让他振作一些：

十二月天翻北风，可怜尚青当寡公。
被窝拿来卷起睡，好比猪崽钻猪笼。

罗尚青也是个山歌好手，听了也不示弱地唱道：

羊角有个潘志斌，走路好比猫头鹰。
远看见人眯眯笑，近看是个瞎眼睛。

哥俩儿互相调侃，越唱越开心，余兴未了，竟然还回家摆酒，边喝边唱。

表现男子孤独的山歌，在北山还有这样一首：

自己关门自己开，自己喝酒自己筛。
自己铺床自己睡，半边席子起青苔。

在北山，像潘志斌这样的老人，年轻时大多是山歌手，“出口成歌”，随编随唱，劳作之余喜爱以山歌对唱调侃人生并自得其乐。北山街西头尾五队的文奶也是一例，年纪虽大，但身子依旧硬朗，还时常带领老年妇女山歌手去对歌。

清道光年间贡生蓝景章所作《龙江棹歌》中“登船齐渡此门河，半是民歌半壮歌。偏是鹧鸪情更切，遥从隔岸唤哥哥”的描写，在表现宜州龙江流域男女青年对唱山歌情景的同时，也写出了宜州歌谣文化的民族融合性。在北山山地商贸圈，大多数歌手既能用汉语也能用壮语来传唱山歌，有些歌手除了擅长传唱山歌，还有吟诗作对的本事。

灯草烧火难得灰，背仔戽水好吃亏。
日头晒在仔身上，弓背一回哭一回。

这是梅洞村歌手张幸存编唱的山歌，反映了妇女背着婴孩劳动的情景，歌词内容质朴且形象，真实感人。张幸存不但善唱传统山歌，还善于根据时代精神创编新的山歌。20 世纪 50 年代，他创编的山歌《难事只怕有心人》二十首、《好种留给社里用》十首、《冬种对唱》六首等，先是发表于《宜山农民报》，后来又收入宜山农民报编辑部选辑、通俗文艺出版社出版的《柳州宜山山歌选》一书，在全国范围内产生了较大的影响。除了山歌，张幸存还喜爱创作诗词，经常与各地诗友吟诗作对，有诗词在报刊上发表，《山谷诗苑》也曾收录他的诗词。改革开放之后，山歌作为优秀传统文化获得了新生，这让张幸存这样的山歌手充满了创作热情，直到 2010 年，张幸存都还在编唱山歌。

我的姑妈廖亮蕊自小就喜爱山歌，退休之后常与姊妹们一起编唱山歌，此外还整理记录大家传唱的山歌。2004 年，在姑父去世 23 年后，她以山歌的形式把自己多年的所思所想刻石立碑竖在丈夫坟前："泪水汪汪何时了，肝肠欲断几时休。上有老来下有小，不知何日得出头。""独自一人把家当，又供儿女上学堂。有话无人来打讲，有事无人来商量。""你今先走二十三，独自当家几艰难。顶硬挑起这重担，慢慢耐等日月光。""你也孤寒我孤怜，二人有缘结成亲。奈无他人来帮助，我独顶起你家庭。""你放心，儿女长大已成人。个个敬业守本分，按你遗嘱来做人。""儿女个个都成亲，孙儿孙女满堂庭。你的愿望实现了，传宗接代有后人。""你在阴间多放心，福荫德泽家业兴。儿女长大成才了，永世不忘你恩情。"……这与清道光年间宜州廖世宽以壮族山歌勒脚歌来吟唱身世并用古壮字将之刻在墓碑上的做法如出一辙，可见传统山歌的普及和教化功能。

/ 童谣与游戏 /

北山童谣

传说刘三姐很会唱山歌，故有"歌仙"之名。在北山民间，流传着她在三岁的时候唱出的歌谣：

公鸡仔，尾婆娑，三岁娃仔会唱歌。

不是爹娘来教我，肚里聪明无奈何。

三岁娃仔会唱的山歌应该是最受孩子们喜爱的童谣。

北山的孩子们爱唱世代传承的童谣，北山人在传统歌谣的熏陶下茁壮成长。北山童谣没有乐谱和统一格律，音节往往和谐押韵，内容大多诙谐幽默、想象丰富且朗朗上口，也不需要谁来特意传授，都是在一代代人的生活和游戏中口耳相传，一个个稚嫩的心灵就在歌谣的传承中获得熏陶。北山世代传唱的童谣有生活型童谣、调侃型童谣、常识型童谣和教化型童谣。*

* 那时北山的孩子们除了传唱古老的童谣，也会跟着父母学唱一些当代歌曲。《听妈妈讲那过去的事情》《让我们荡起双桨》《小燕子》等歌曲，我们就是跟着父母学唱的。

北山的生活型童谣有《落雨蒙蒙》《月亮光光》《打把剪刀送姐姐》《牛呀牛》《蚂蚁》《妹呀妹》《羊咩咩》《豆芽菜》等。《落雨蒙蒙》唱的是孩童雨天时盼望去赶圩的父亲快些带回小吃的心态;《月亮光光》唱的是兄妹二人去外婆家的微妙心理;《打把剪刀送姐姐》唱的是幼童为姐姐学打剪刀的决心;《牛呀牛》唱的是小孩放牛时见到的物与人，充满了山地生活的气息;《蚂蚁》唱的是儿童眼中的蚂蚁行为，拟人化地想象蚂蚁的目的，童趣化地叮嘱蚂蚁慢慢走，生活气息浓厚;《妹呀妹》唱的是年幼的妹妹无力舂碓，期盼获得外出洗菜的妈妈的帮助的情形;《羊咩咩》唱的是孩童捕捉蜻蜓时的连续性联想，颇具儿童生活情趣。这些童谣不但表现了儿童稚嫩朴实的心理状态，也通过日常形象的勾勒使之充满了生活的气息。《豆芽菜》则通过唱述出嫁场面来表现女子出嫁时父母和哥嫂不同的心态。

北山的调侃型童谣形象有趣，主要有《唐僧骑马克洛东》《团团转》《挑个箩筐克卖米》《月亮明明》《大姐大鼻梁》《上山打老虎》《老弟》《排排坐，吃糯糯》《一螺穷》等。《唐僧骑马克洛东》把传统文学中的唐僧、孙悟空、猪八戒、沙和尚与北山本土的特殊人物法童婆，即从事民间巫事的女性串联在一起，调侃味十足，让人听了忍俊不禁；《团团转》唱述了儿童游戏时经历“团团转，眼睛花”后产生了不符合生活常识的一系列“幻觉”的故事，同样极具调侃性；《挑个箩筐克卖米》唱出赶圩卖米人的非常态遭遇及其无奈的心情；《月亮明明》以关于月亮的传说引出一系列有趣的人和事；《大姐大鼻梁》将大姐到十姐的形象做了极度夸张的变形处理，其中“糖茶莫滚”“芝麻莫香”以及“新衣裳”“新姑娘”和“尿盆臭滂滂”等语词极尽调侃之效；《上山打老虎》调侃的是老猎人上山打猎却打不到的气急败坏的神态；《老弟》通过带弟弟去看戏时对比性极强的一系列做法来调侃对方；《排排坐，吃糯糯》从“排排坐，吃糯糯”唱起，讲述了一连串不合逻辑的行为，最后竟落得“强盗偷你家的烂棉套”之果，荒诞不经，幽默性极强；《一螺穷》从手指螺纹的多寡来判断一个人是富贵还是贫穷，引人发笑。

北山的常识型童谣有在歌唱中传授日常知识的作用，寓教于乐，效果突出，主要有《一二三四五六七》《烟》《天晴天又阴》《麻雀鸟》《黑麻麻》《哈个辣椒把》等。《一二三四五六七》以押韵的形式传授关于数字的知识；《烟》传递烟会随风飘散的常识；《天晴天又阴》以有趣的对比传唱莲藕生长的过程；《麻雀鸟》唱出了农人对偷食稻谷的麻雀的诅咒；《黑麻麻》唱的是老鼠怕猫的常识；《哈个辣椒把》含有人类通过婚嫁繁衍后代的隐喻。

北山还有一类童谣是传唱社会伦理道德的，主要有《掰子掰》《摇摇摆摆》《老公公》《月亮巴巴》《排排坐》《虫虫飞》等。《掰子掰》传唱的是尽管生活艰苦也依然要奉养老人的社会道德；《摇摇摆摆》和《老公公》同样强调尊老养老；《月亮巴巴》传唱的是受到了冤枉却不愿报复，只想获得妈妈的理解；《排排坐》和《虫虫飞》唱述的都是兄弟姊妹之间要相亲相爱。

北山的游戏

民间游戏是对孩子开展早期启蒙教育的一种手段，让喜闻乐见的民间游戏走进孩子的生活，让孩子们接受民间游戏的熏陶，是北山山地商贸圈重要的教化传统。

跳绳当年在北山非常流行，通常是用一根长绳来编织成各种形状和图案，然后在其中跳跃。它需要孩子们有一定的弹跳能力和灵活性。这个游戏不仅可以锻炼孩子们的身体，还可以培养他们的空间感知能力。

翻花绳是利用一根头尾打结的绳子进行玩耍的游戏。游戏过程中，玩家需要用手指来翻转绳子，使之形成多种花样，对孩子手部的灵活性有较高的要求。主要的花样有星形、方形、三角形等，进阶形状还有鱼、蝴蝶、鸟、桥、飞机等。单人翻花绳是最基本的玩法，只需要一根细线绳，用手指就可以编织成各种形状和图案。

跳绳和翻花绳男孩女孩都可参与，但可能是刺激性不够强的缘故吧，主要还是女孩玩耍。男孩子更多的是参与“丢近”、打拐、打陀螺、骑木马、滚铁环等。

丢近是北山街的孩子们参与度最高的游戏，有时候大人也会一起玩。丢近的玩法是先设定一个目标，然后拿一些小物件在一定距离之外朝目标丢去，最后以所丢物品同目标距离的远近来定输赢——离目标近者为赢，远者为输。丢近所用的物品，最珍贵的是铜钱。每当大雨之后，满街都是寻找以前的赶圩人落在石块缝隙中雨后被冲刷而露出来的铜钱的孩子，孩子们用之以丢近。但铜钱毕竟不多，故通常使用更容易获取的胶子（食柿子留下的子）来代替。

打拐在别的地方也叫打尺子。所谓的“拐”由一长一短两截木棍构成，长的叫“拐母”，长 30 余厘米，直径约 3 厘米；短的叫“拐仔”，长约 15 厘米，直径约 1 厘米。约好伙伴打拐后，找个空旷地方，挖一个大小与木棒相仿的斜坑作为“拐窝”，就可以开始打拐了。北山的打拐比一般的打尺子复杂，分为三个步骤。第一步先由攻击方把拐仔横架在拐窝上，然后把拐母伸进拐窝，再用力把拐仔撩出拐窝——既要防止被防守方抓住，还要尽量撩得远以增加防守方回丢的难度。拐仔被防守方抓住，就要互换攻防。如果防守方未能抓住拐仔，攻击方就把拐母横放在拐窝上，防守方在拐仔落地之处用拐仔砸横放在拐窝上的拐母。砸中拐母也要交换攻防，砸不中拐母就会进入第二步。第二步由攻击方用一只手握住拐母并拿住拐仔，然后把拐仔抛起，接着用拐母击打拐仔，使之尽量朝前飞去并且不被防守方抓住。拐仔被防守方抓住，也要交换攻防；如果没被抓住，则由防守方在拐仔落地处把拐仔朝拐窝回砸，这时攻击方可以站在拐窝前面手持拐母拦击防守方回砸的拐仔。如果拐仔落地处与拐窝之间的距离不到一个拐母的长度，则判攻击方输；如果超过了一个拐母的长度，就可以以拐母为尺子，测出拐仔与拐窝的距离。* 之后这一局就进入了第三步。第三步是攻击方把拐仔直放在拐窝中，利用跷跷板的原理，手持拐母以合适的力度敲打拐仔露出拐窝的那一端，翻起并跷飞拐仔，然后用拐母将在空中翻滚的拐仔上下颠敲，在快控制不住的一刹那用力把拐仔击打出去，越远越好。** 这时，如果拐仔被防守方抓住，则攻

* 用拐母来丈量时，拐母并不与地面贴实，这使得丈量人需要一拐一拐地进行动作，北山人因而形象化地称之为“打拐”，别具特色。

** 北山街是坡地，很难找到宽敞的地方，孩子们只能利用街道来打拐。在街道找到合适的石缝后，孩子们就将其间的泥土挖掉来做拐窝。但这样一来，孩子们把拐仔打出去时就可能误伤到行人，所以打拐的时候就得很小心。当然，再怎样小心也会有误伤的时候，那时候就是大麻烦了。尽管如此，也阻挡不了孩子们的打拐热情。

守互换；如果没被抓住，则用拐母来测量拐仔到拐窝的距离——若拐母是一次性就把拐仔击打出去，则将一个拐母的长度计作单位“1”来计算距离；若能将在空中翻滚的拐仔颠敲两次后再打出去，则将一个拐母的长度计作单位“5”来计算距离；若能将在空中翻滚的拐仔颠敲三次后才打出去，每一个拐母的长度则计作“10”来衡量距离。能够用拐母将空中的拐仔连续颠敲三次的并不多，能做到就算得上是高手中的高手了。如此循环，以最快达到预定的总数者为赢家。

打陀螺是一种古老的游戏，只需要一根鞭子和一个陀螺。与别的地方打陀螺只是通过抽打陀螺来让它旋转并看谁能让陀螺转得更久不同，北山的打陀螺更具攻击性。北山的孩子打陀螺前，双方同时旋放陀螺于地，陀螺最后倒地一方为攻方，另一方为守方。守方要先将陀螺旋放于地，让攻方用陀螺去攻击。如果攻方的陀螺没有击打到守方的陀螺，就是攻方失败，此时攻守互换；如果攻方的陀螺击打到了守方的陀螺，就比较哪一方的陀螺旋转得更久，转得久的一方为下一局的攻方。*

* 为了让陀螺旋转起来更具有耐力，不但需要将陀螺的脚修得更尖，还需要让其更硬，最好的办法就是给陀螺的脚镶嵌沙子钉。沙子钉首选自行车用的轴承珠，但那对我们来说是可望而不可即的。于是我们就采用土办法，去找铸犁头时溅起的钢花形成的钢珠来做陀螺的沙子钉。

骑木马也叫踩高跷，但又不同于北方的踩高跷。木马的制作过程，是先选择两根长度与人身高接近、粗细与锄头把相当的圆棍，然后分别在每根圆棍距底部一尺的地方用绳子或铁线捆扎与脚掌长度相当的木棍。骑木马时，手持木棍上端，脚踩两条短木棍，手提长木棍时脚随之抬起并向前跨步，熟练后可边走边使两木棍相击发出响声，犹如骑真马一般。木马有游戏和实用两种作用。游戏的时候，主要是由两个孩子骑在木马上相互碰击马腿，跌下木马的一方即为输家。木马的实用性在雨天尤为突出。雨季时，赶圩人给北山街带来了大量的尘土，雨水与之混合后经赶圩人的踩踏，街道一片泥泞。那时能给孩子买雨鞋的家庭不多，遇上雨天，多数孩子上学就只能赤脚而去，有木马的孩子倒有了大出风头的机会，他们背上书包骑上木马在一片泥泞中大步昂首前进，得意得很。

无论是打拐、打陀螺还是骑木马，不但女孩极少参加，男孩也不是每个人都参与。一方面是上述游戏都有一定的危险性，更重要的是，不是每个孩子都有条件弄到木材来制作拐、陀螺和木马。拐、陀螺和木马需要用较大且较为坚硬的木材来制作，但北山街一般的家庭是买不起这样的木材的，附近的山间也大多没有这样的木材，只有北山街的后龙山北山顶因多年不允许砍伐而有一些。于是，在大哥哥们的带领下，幼时的我们会冒着危险偷偷爬上北山顶，悄悄地砍下一些木材拿回家制作拐、陀螺和木马。

获得材料并制作拐、陀螺和木马，以及打拐、打陀螺和骑木马的游戏过程，都是具有一定的危险性的，但这反而让上述游戏充满了刺激，吸引孩子们参与，这也于无形中培养了孩子们的勇气和冒险精神。另外，打拐、打陀螺和骑木马都是群体性游戏，讲究团队合作，有助于培养孩子们的合作精神。

滚铁环是20世纪六七十年代盛行一时的儿童游戏：玩家手捏顶端呈“U”字形的铁棍或铁丝，推一个直径60厘米左右的铁环（一般要用钢筋来做）向前跑。如果说拐、陀螺、木马还可以冒险去获取制作材料的话，铁环则不是具有冒险精神就可以得到的，需要依靠亲友圈的帮助才有可能获得。比如我的铁环就来自我舅公罗标。舅公以染布为生，当时的染料桶是用两个铁环来箍紧的，稍加改装就可以成为游戏用的铁环。滚铁环时，左手抓住铁环上沿，右手拿住铁钩另一端的把柄，将铁钩的槽扣在铁环的底部，身体向前微屈，同时双手将铁环往地上扔。铁环落地后，随着惯性就开始往前滚动，通过扣住铁环的钩用铁棍不断推进就可驱动铁环，铁环也就可以一直滚下去。想要停的时候，只需把铁钩迅速抽离铁环，并将铁环从地面勾起便可结束。*

* 滚铁环需要距离较长且路面较为平坦的道路。因为石块路凹凸不平，北山街是不好滚铁环的。我们通常是邀上一群小伙伴沿着公路朝西滚，一直滚到龙安一带才回头。

受战争电影的影响，北山不少男孩都有从军梦，偏爱需要使用枪械类道具的游戏，使用的道具主要有洗头泥枪、竹筒枪和链条枪。洗头泥枪使用一种特殊的泥土“洗头泥”来制作，这种泥土因土质特别，可以用作洗头的材料而得名。* 它的黏性比较强，不但易于捏成枪械形状，而且风干后也较为稳固，漆上黑墨后几可乱真。

洗头泥枪是仅模仿了形状的道具，并不具有枪械的功能。一些对此感到不够刺激的孩子便就地取材，利用山边拇指般粗细的竹子来制作枪械道具，于是有了竹筒枪。竹筒枪的管眼必须一头大一头小，以保证“子弹”打出去有力道。竹筒枪的子弹有两种，一种是把废纸用水浸湿后捏成小团 **，另一种是植物的果实。每年清明前后是玩竹筒枪游戏的鼎盛期——外出做清明时，可以找到合适的竹子来做竹筒枪，而那段时间，北山小学的几棵大树也结出了适合做竹筒枪子弹的果实。好的竹筒枪，打出去的子弹力道很大，击发出去时还会在竹筒枪管顶端冒出一缕浓密的烟尘，人的皮肤被打中会立马留下淤青。

链条枪也是一种手工玩具枪，以自行车链条为主要材料，以火柴为子弹，利用火柴头上那一点火药被外力撞击产生爆炸的原理来制作，是“60后”“70 后”以及部分“80 后”儿时心目中的“神器”。链条枪是效果最逼真的枪械道具，但由于经济上的原因，在那时候的北山街，链条枪并不是每个孩子都可以拥有的。一来当时连自行车都相当稀

* 在北山，洗头泥只在北山街北面的羊角山南坡可以挖到。当时洗发水的使用尚不普遍，人们洗头一般是用茶麸水或“洗手果”，但“洗手果”不容易找到且有季节性，而茶麸水需要购买，故也相对难以获取。不知是谁最先发现了这种泥土有洗头效果，它便在北山流行开来。如今能够挖出洗头泥的羊角山南坡成了北山中学田径场的有机部分。

** 家父是中共党员，关心世界大事，订阅有《参考消息》，过期的报纸也就为我们兄弟三人的竹筒枪提供了足够的“子弹”原料，让小伙伴们羡慕不已。

罕，自行车链条更不容易弄到；二来火柴也需要有钱去买。因而当时拥有链条枪的孩子，其心理感受不亚于当下拥有豪车的感觉。那时我们班有个叫蓝广庆的同学，其父蓝继邦以修理器械、电器和自行车为生，有条件利用报废的自行车链条来制作链条枪。他们几兄弟人手一把，让大家眼红不已。家父那时在北山供销社工作，逮住机会也为我们制作了一把链条枪，三兄弟轮流使用，也是蛮神气的了。

/ 北山的戏曲与电影 /

北山戏曲

北山山地商贸圈的民众喜欢戏曲，最初流行于北山山地商贸圈的是桂剧。北山诗人梁佩南写有《观剧》一诗："男儿一日几封侯，如梦威名付水流。将相谈兵虚虎帐，君臣宴客假龙楼。花簪夫妇谐鸾凤，粉饰英雄赛貔貅。富贵下场皆了了，须知世事等看优。"从诗中所叙写的内容可知其观看的应该是桂剧剧目。桂剧传播到北山大约在清光绪年间。有一年，一个从桂林流落到北山的桂戏班因为生活难以为继，班主就把家当贱卖给了蓝玉辉，并教北山人桂剧，于是就有了北山桂戏班，蓝玉辉也成了北山桂戏班的第一任班主。

北山戏班常演的剧目有《薛仁贵征东》《薛丁山征西》《穆桂英》《辕门斩子》《打金枝》《斩三妖》等，经常到北山山地商贸圈的北牙、拉利、九渡、拉仁等地去演出。慢慢地，北山戏班不但在北山山地商贸圈受到欢迎，其影响力也扩大到庆远一带，戏班产生了一批全县有名的桂戏演员，如黄三妹就是北山戏班的台柱。黄三妹本名黄桂新，家住北山街北头，文戏、武戏都能演，唱念做打样样在行，演出效果特别好，拥有一大批戏迷。艺名“小吉庆”的蓝荣芳也是北山戏班的著名小生，其人潇洒飘逸，清秀俊雅，很有演戏的天赋。蓝荣芳的夫人唐怀玉是戏班的小旦，倩丽灵巧，唱做兼备，也是一个不可多得的女演员。夫妻俩用北山话演唱，唱腔委婉动人、清澈明亮，表演质朴细腻，尤以做功传神见长，具有浓郁的乡土气息，二人搭档演唱的《刘高抢亲》至今还让老一辈人印象深刻。

到了后来，彩调与桂剧并行。梁佩南《寻春感事二首・其二》云：“春到枝头树树花，游蜂舞蝶满天崖。访闻彩调沿村演，寻遇知音到处夸。涂径无人行迹罕，山庄有鸟语声哗。亲躬直赴林和靖，友集如云雅士家。”该诗写出了彩调在北山山地商贸圈各村寨巡演的盛况。

北山戏班的演员并不是以演戏为生，其主业是做小生意或务农。旧时看戏是很时尚的事情，极受民众欢迎，北山年轻人也乐于学戏。民国时期，北山一带曾有一批调子艺人“带艺从军”。北山梅洞村覃忠堂相貌堂堂，演得一手好调子，后来被陆荣廷看中，陆荣廷提拔他担任柳州宜山的“统领”。覃忠堂从民间彩调班吸收了一批优秀演员入伍当“挂单兵”——他们既有军装又带戏服，每到一地就搭台为群众演彩调。北山街青年彩调演员王宝廷仪表出众、演技超群，引起了覃忠堂的注意，覃忠堂不但将王宝廷招入帐下，还把三女儿许配给王宝廷。

北山戏班第一任班主蓝玉辉去世后，戏班几经变迁。后来，蒋胜兰成为北山戏班最后一任班主。民国初年，北山彩调发展壮大，蒋胜兰既教桂剧也教彩调，堪称北山一带的戏曲大师，培养了戴云忠、蒋健雄、祝继祯等一批颇有名气的彩调艺人。新中国成立后，政府重视培养彩调人才，除了前述戴云忠、蒋健雄、祝继祯，陈兰英、韦丽娥、蒋玉珍等都参加了文化馆举办的调子艺人训练班。*

* 1951—1954年，宜山共举办了三期调子艺人训练班，主要工作由时任宜山专区文化馆馆长的江波负责。1955年，广西举办省文艺干校彩调班，江波从宜山专区文联调到彩调班任专职教师。1956年11月成立广西彩调团，江波成为彩调团第一个专业导演，之后一直在广西彩调团工作，是广西知名的彩调艺术家。

北山街有过一座戏院，戏台就设在北山文庙的一楼，可容纳大约二百人观看。北山文庙是砖瓦结构的两层楼房，屋顶及四角都有雕龙画凤的装饰，位于北山街的中心位置——店铺底。文庙二楼立有孔子塑像，北山一带凡入学启蒙的孩童都要由家长带去拜祭孔子。可惜的是，20 世纪 30 年代初期，北山文庙因修路而被强行拆除，从此之后北山也就没有了固定的戏台。

北山人将戏院设在文庙，极好地体现了北山寓教于乐的传统。和中国许多地方一样，通过寓教于乐的形式，戏曲在北山传统的社会教化中起到非常重要而特殊的作用。北山人总习惯运用传统戏曲的典型人物和事件来褒贬现实生活中的一些人与事。

北山电影

桂剧、彩调曾经是北山人的最爱，也是北山人在娱乐中实现社会教化的重要途径。随着时代的变迁，桂剧、彩调逐渐退出了北山娱乐和教化的舞台，其娱乐与教化的社会功能落在了电影上。相对于传统的戏曲，电影除了有新奇的艺术表现形式吸引观众，其便捷的呈现方式更是令传统戏曲望尘莫及。* 一个人、一台放映机、一部胶片，就可以在两个小时左右的时间里满足近千人的娱乐需求。电影的这种优势在北山山地商贸圈尤为突出。

* 当然，电影这种工业化生产的艺术产品在一定程度上剥夺了普通民众的艺术创造机会，对民众的文化创造力产生了一定的负面影响。

那时农村的戏曲已经退场，山里人的文化娱乐生活极其匮乏，看电影是平日里唯一的如节庆般热闹的活动，成了大人小孩都期盼的事。每个公社有一个电影放映队，按计划轮流到公社辖区内的生产大队所在村落放映电影。

当时北山山地商贸圈尚未通电，放电影时需要用电影队自备的发电机发电，电影胶片也要场租，故看电影是要收费的。大多数生产大队没有封闭式的放映场所，就由生产大队包场，象征性地交给电影队一些基本的费用。北山街有封闭式的放映场所*，因而可以向观众售票。电影队能有较为可观的收入，来北山街放电影的积极性就比较高了，基本可说是“逢圩必放”。除了北山街的老少来看电影，附近村屯的年轻人获知消息后也会赶来。

* 北山大队部的晒场和派出所的院子虽然封闭，有利于收费，但是没有座位，需要观众自行解决。放映电影的日子，家里的孩子在下午放学后就扛上家中凳、椅，向放映地点拥去，抢占位置，以便家人和亲朋好友晚饭后来看电影时有座位可坐。电影散场后，又是孩子们把凳、椅扛回家。1984年，有固定座位的北山电影院建在了北山街东头的废水塘之上，北山人终于不用自行扛凳、椅去看电影，也不用再冒雨观影了。

距离北山街 4 千米的板磨村也时常有电影放映。板磨村当时是在小学里放电影，也是封闭场所，所以也是可以售票的。我们到板磨看电影就没有位子可坐了，整个晚上都是站着观看，看完电影再徒步 4 千米赶回家。

遇到热门的电影，附近几个村寨会同时在一个晚上放映。这种时候，电影队会预先做好计划，错开开始放映的时间，然后用派出所的三轮摩托车在几个村寨之间跑片。有时也会出现意外情况，使得电影胶片未能及时送到，好在所有观众都很安然地就地等待。

印象中，电影队最早的一位放映员姓廖，大家都叫他“廖队长”。廖队长很有责任心，不但认真放好电影，还在即将开映和散映时拿着铁皮卷成的漏斗式“广播筒”，用湖南口音很重的普通话招呼大家互相谦让，不要拥挤。后来姓李和姓周的小伙子先后接了他的班。

电影不仅是那时候最为时尚的娱乐方式，也是国家意识形态和主流文化最具影响力的传播途径，它在满足民众娱乐需求的同时，实现了国家意识形态的社会教化，最大限度地促进了民族间的交往交流，推动了民族间文化的认同与融合。

北山人生礼俗

/ 北山婚育习俗 /

北山山地商贸圈内有壮、汉、瑶、仫佬等多个民族的群众杂居，经过数百年的交往、融合，商贸圈内各民族婚俗趋于同化。旧时从缔结婚约到完婚要经过“进采”“取庚”“纳吉”“下聘”“定期”“成亲”六个环节，谓之“六礼”。出嫁之前，新娘的十姊妹和亲朋好友伴在闺中，及至良辰便由多子多福的妇女用红布帛蒙罩头脸，跪拜祖宗后由兄长背出大门上轿。花轿抬至夫家门外，新娘由“福禄双全”的妇女搀扶出轿后，与新郎席地拜堂。北山旧时也有“哭嫁”的习俗：临嫁姑娘以喜为忧，吟唱哭嫁歌，内容大多是追诉父母养育之恩、兄弟姊妹手足之情、亲朋好友深厚之谊、故乡山水难忘之忧。

在北山，无论是壮族还是汉族都有招婿入赘的婚俗，俗话叫作“扛楼梯”或“上门”。一般是只有女孩的家庭才会招婿上门，以继承香火。应招入赘者多是家境贫寒难以娶妻或兄弟过多的男子。旧时壮族家庭赘婿依俗享有与女方家子嗣同等的权利，当然，也要履行同等的义务。他们可继承女方家全部或部分家产，但必须继承女方家香火，所生子女须从女方家姓氏，甚至有的赘婿本人也要改随女方家姓。汉族家庭的入赘者则可以继承其本家和女方两家香火，所育子女一般随父姓而极少随母姓，或者两姓兼之。旧时北山街流行“有仔不做上门郎”的说法，认为入赘男子会受气且不体面，故北山街入赘者多为商贸圈中的乡村男子，本街男子极少上门。但在实际生活中，上门女婿并不见得就是受气的，北山西街就有几个来自都安的上门郎，生活倒也正常，有一个还当上了生产队队长。

旧时，北山小孩出生至满月这段时间有“洗三朝”、庆满月之俗。孩子出生后女方家人就要为孩子“洗三朝”做好准备。到了孩子出生第三天，就为之举行“洗三朝”仪式，届时街坊邻里、亲朋好友也会送来肉、鸡、蛋、小孩衣物等礼物以示祝贺。给新生儿洗三朝的水用艾草、香附、菖蒲、黄荆叶等煮成，认为以之洗三朝，可为孩子消灾祛难，让孩子健康成长。小孩出生三十天为“满月”，这时要办“满月酒”，主人家族长者、兄弟姊妹，小孩外祖父母及舅嬢，街坊邻里、亲朋好友必来贺之，祝小孩健康成长、长命百岁。

/ 北山祝寿添粮习俗 /

旧时，北山老人年届六十，子女就要为其“祝寿添粮”。

北山民间认为，人一生的食粮是有定数的，对于年老体弱之人而言，其食粮已剩余不多，于是就要在老人生日时携带粮食为老人举行添粮补寿仪式。儿女、亲戚（尤其是女婿）要置备寿礼，主要是送白米三斤六两为老人添粮，其意是向亲戚朋友借来“谷种”，给老人带来新的生命力，以期延年益寿。“文革”期间，尽管“祝寿添粮”被视为封建迷信，人们不再举办添粮补寿仪式，但老人本人依然会到各家各户问要谷米，集中成“百家米”，用于日常个人食用，以求长寿。*

传统的北山人更重视六十岁以上老人的生日，不过除了筹集百家粮，并无更多的讲究。而对于儿童、青年、中年人的生日，北山人则大多是忽略不计的，这就导致我们通常都不太清楚兄弟姊妹乃至父母的生日，也没有过生日的概念。**

* 1985年暑假的一天中午，家里只有我一人，西头尾祝奶来到家中问我要米。此前我并不知晓“祝寿添粮”习俗，只以为她是家中临时缺粮，二话不说就从家中米缸掏出三斤左右的大米给她。祝奶见了一笑，但也不多做解释，说她要二三两就够了。母亲回家听说后为我解说，我才得知其中的缘由。如今，与此类似的“壮族补粮敬老习俗”已成为国家级非物质文化遗产代表性项目。

** 直到读大学时好友建中邀请我参加生日聚会，我才知晓生日一般会有一定活动。我的生日在暑假，因而无机会与同学好友相聚，作为家中主要劳动力我还要参加抢收抢种，算得上是以劳动来庆生了。

/ 北山丧葬习俗 /

北山老人并不忌讳谈死，大多数老人到了知天命的年龄，就为自己的后事做准备，开始做棺材。在北山，人们将棺材称为“长生”，由此可见北山人对于生命长存的渴望。对于做好的“长生”，人们并不忌讳，就将之摆放在家里的堂屋，里面可以装粮食等物，上面则可以坐甚至躺，不少“长生”的上板也因之而锃亮锃亮的。

与一些地方家人过世只被当作本家人或本家族的事务不同，北山一带关于丧葬的基本理念是“家家有门口”“能帮就帮”，也就是北山老话说的“死爷死娘众人扛”。因此，但凡谁家有老人过世了，北山全街或全村的人家都会去吊唁，无论男女老少、贫寒富贵、亲疏远近，都去帮忙，有钱出钱、有力出力，报丧、入殓、守孝、出殡、下葬等所有环节，都有人指点、出力，可以说是倾全街（村）之力办好丧事。即使平时有点恩怨，此时也会不计前嫌，前去帮忙。对于贫困人家，街坊乡亲也不会置之不理，而是按传统尽心为他们筹划、打理，让逝者体面而安详地离去。

去帮忙的街坊处处为丧家着想，不会刻意大操大办、铺张浪费，而是会根据丧家的经济状况来合理安排，经济条件好些的家庭，菜肴会厚实些，而家庭经济条件一般的，肉菜则薄些，以不超支略有结余为宜。

北山人在丧葬活动中特别看重出力参与，如果哪家人只是去吊唁（给礼金）而不主动帮忙干活，尤其是青壮年人不参与抬棺、打井（挖墓穴）、搬运石头砖块等需要出力的工作，是会被街坊乡亲瞧不起的。等到他家有丧事，人们也会如此对待，让丧家处在十分尴尬的境地。

北山人认为生死乃自然规律，阳寿超过七十已算是享尽阳间寿福，七十岁之后离开人世也无须过于哀伤，可以当作喜事来办了。这种情况下，守灵之夜除了有道公做道场，还可以请戏班来唱戏。年逾百岁的寿星仙逝，葬礼就更为隆重了，更是要当作红事来办，宴席上用过的碗筷在餐后会被村民拿回家，人们认为这能把老人的福气带到自己家，让自家成员也延年益寿。*

丧葬时请来做道场的道公，汉族、壮族都有，多为北山一带村寨的村民。道公多是半职业性质，并不专做道场，平时也会下地干活，只有在被请去超度亡灵、禁压恶鬼或举办葬礼时，才以道公身份出现。道公一般都识字，能跳会唱，这样才可以在做道场时吟唱世代传承下来的麽经，跳传统仪式的舞蹈。因麽经的主题除了相关历史人物和事件、创世神业绩、丧葬的来源，还涉及父母养育之恩、兄弟姊妹团结和睦等内容，故这些仪式让丧家屋子暖和的同时，也传承传播了历史文化和社

* 1985年，我婆太以一百零六岁高龄仙逝。当时北山街与排峒楞之间出现了彩虹，当天晚上还有一大群蝴蝶聚拢在乡亲们送来的挽幛上，密密麻麻的，直到七天后婆太下葬时才散去，实为罕见。那一次不但宴席上用的碗被拿走，连婆太家中的碗也被乡亲们拿走了。

会伦理道德。

墓地则需要请地理先生依据传统风水观念为丧家选择。与道公不一样，北山街每一代都传承有几名颇有名气的地理先生。1983 年 11 月家父过世，几名地理先生因墓地的选择，尤其是下葬时间的确定产生了冲突。后来，我们遵从了北山街梁志华老先生的意见。巧的是第二年，我和三弟雄君一同考上了大学。兄弟于同年考上大学，这在北山历史上还是第一次，引起了蛮大的轰动，街坊乡亲都说“廖家的坟头冒青烟了”。当时最兴奋的还是梁老先生，他逢人就说：“廖家一炮两响，发就发在我看的这口地！”

北山节庆美食

北山是汉、壮等多民族杂居的地方，传统节日繁多，主要节庆有春季的过年、清明，夏季的四月八、五月初五，秋季的七月十四、八月十五，冬季的冬至，等等。北山街的美食大多起源于这些传统节庆。一方面，作为农耕族群，北山先民注意到时令转换对于农作物生产的影响，以为冥冥之中有神灵在护佑，因此需要在特定的时令祭神，并制作美食酬神。另一方面，由于旧时生产力水平低下，秉承“好钢用到刀刃上”的生活理念，人们会把有限的物资集中用于特定的时令，在酬神的同时犒劳人类自身的努力。如此，在每一个季节，北山人在耕作、商贸之余，感激自然养育之恩，铭记先人哺育之德，依据农时节令的转换规律，在有限的条件下集中资源酬神犒人，形成了独具特色的节庆文化，并由此衍生了白馍、“龙膨”、烧鸭、“马仔”等节庆美食，为北山饮食文化打下扎实的基础。

/ 春生时节的酬神与犒人 /

过年

正月处于冬春交替之际，也是新旧年交换之时，北山人在这一时期举办一年中最盛大的酬神犒人活动。旧时北山人将这一盛大的酬神犒人活动称为“过年”而不是“过春节”。

过年的时间跨度是所有节庆中最长的，筹备工作在前一年的腊月中下旬就开始了。正式的过年是从大年三十开始的，这一天，各家各户将必须完成的家事做完。有的人家要张贴对联、门神，或者在堂屋贴诗词条幅、人物或山水图画；晚餐前要设香案、摆三牲果品祭祀祖先。诸事毕，家人到齐，就开始吃晚餐，即团圆饭。晚餐后开始“守岁”，到凌晨十二点，家家户户鸣放鞭炮，迎春接福。

新一年的正月初一至十五是过年休闲、相互拜年、走亲访友的时间。正月初一小孩穿新衣、新鞋，给老人拜年，老人则给儿孙利是。

过年时有一些禁忌，如不得欠债过年；大年三十晚不串门做客；正月初一禁讲骂人或不吉利的话语，不准扫地，不动刀具，不得洗菜，不得梳头；等等。

在北山，舞龙舞狮是正月乃至一年所有节庆中最热闹的活动，北山诗人梁佩南写于 1942 年的《观巡龙》一诗反映的正是舞龙舞狮的场景：

社会缘何尚假充，浮华相习惯成风。
绫身锦首狮称瑞，玉络金鞍马羡雄。
稚子各夸涂粉肖，麻姑颇见化装工。
许多俗眼惊奇事，想象猜疑是否龙。

正月初一一早，北山街就聚集了好几千人来看舞龙舞狮表演，大多是北山山地商贸圈的民众，老幼皆有，有的甚至赶了几十里山路，观众们把北山街挤得水泄不通。北山所舞的九节长龙无须购买，人们会在过年前用竹篾和彩色布条完成扎龙。舞龙时，由九个壮汉舞起的长龙昂首游动翻飞于鞭炮燃放后产生的硝烟之中。鞭炮由各家各户自行准备，传统上只要条件允许，大家都会购买大量的鞭炮来燃放，以求吉利。舞龙人体强力壮，有些舞龙人还会赤膊上阵，甚至敢于在舞龙过程中主动抢过还燃着的鞭炮挂在自己的背上，以示勇猛。

与舞龙时只舞一条龙不一样，北山街过年舞狮的除了北山街的狮队外，附近村屯的狮队也会在过年期间来北山街一同欢庆，参与“抢青”。“抢青”是北山传统民俗。正月初二，北山街不少人家会把礼物、红包和一把青菜高高挂在门前，寓意青春不老、生意兴隆、来年丰收，等待各个狮队前来拜年并把高挂的礼包抢回去。

正月初二也是北山街的孩子们最为兴奋的日子。除了可以观看舞龙舞狮表演，孩子们更可以翻开落在地上的鞭炮屑寻找未被点燃的鞭炮，过过手瘾*。此外，正月初二这天，出嫁的女儿会带姑爷、外甥回娘家拜年，家族中的兄弟会轮流请本族兄弟、姑爷吃饭，各家大人也会分别给其他家的小孩发红包。这也让孩子们欢喜。另外，从正月初二开始，北山还会组织篮球比赛。如今，过年期间的篮球比赛成了北山山地商贸圈的大事。**

过年之时，无论是家庭团聚还是接待亲友，人们都要用心烹调菜肴。在北山，白馍、糖糕、爆米花、“龙膨”、扣肉、豆腐圆、白斩鸡等美食，最初就是在过年的时候制作的。

白馍即别处称为糍粑的食品，一般是把用清水浸透了的糯米放进木甑里蒸熟，而后舀出放进石臼里，用杵舂制而成。好的白馍需要用好的糯米来制作，最好的糯米是大糯，次一点的叫小糯。北山山地商贸圈缺水，没有保水田，难以种植糯米，故在北山，以环江出产的糯米为最佳，而过年能用环江大糯来做白馍则是一件很有脸面的事。有了好的糯米，还要有“大力士”来舂制，所以过年前家家户户制作白馍的那几天，成年男子成了“稀缺资源”，甚至需要提前约好他们的行程，请他们挨家挨户轮流帮忙舂白馍。***

糖糕也是北山过年时不可缺少的食品，原料也

* 那时各家经济条件有限，未能购买太多鞭炮给孩子燃放。孩子们“穷则思变”，发现了这样的方法以满足自己放鞭炮的愿望。这需要一定的勇气，因为这样找来的鞭炮都是一颗一颗的，燃放时需要一手拿鞭炮一手拿香火来点燃，再把点燃的鞭炮尽力扔出去。如果速度慢了就会导致鞭炮在手中炸开，相当危险。

** 比赛通常是以村屯为单位组织球队。总体而言，篮球赛促进了北山山地商贸圈各村屯的交往与交流，丰富了北山人过年期间的娱乐活动。1985—1987年过年时，我和韬爸拉上几个在校大学生组建了一个“学生队”参加篮球赛。虽然这个“学生队”水平不高，但也算在北山山地商贸圈过年期间举行的篮球赛的历史上，开了由学生组队参赛的先例。

*** 舂白馍既是体力活也是技术活。北山街甚至流传着这样的说法：能够舂一百斤白馍的男青年才有资格娶媳妇。

印有图案的白馍。白馍曾是北山人过年时走亲访友的礼物，如今已成为日常可见的食品，在平日里的圩市即可购买　吴继春 / 摄

* 因糖糕对原料黏性的要求不像白馍那么高，故出于性价比的考虑，有时也会用糯玉米取代糯米来制作糖糕，亦可取得不错的效果。

是糯米。* 把糯米洗净，浸透后加水磨成粉浆，然后将粉浆装入布袋内挤干水分，再将脱了水的粉浆放入盆内加入红糖搅拌，最后把搅好的粉团放入盘内摊平，用旺火蒸熟。

爆米花是过年时北山一带最受孩子们喜爱的食物，它的制作过程也最令孩子们感到神奇——将大米或玉米放入爆米花锅后，封好顶盖，再把爆米花锅放在火炉上不断转动，几分钟之后，顶开顶盖，只听得一声巨响，大米或玉米就魔术般地变成了香喷喷的爆米花。有条件的人家会加一点糖精，这样制作出来的爆米花又香又甜。爆米花需要有爆米花锅，当时北山一带无人拥有。家叔廖忠平居住在庆远，每年过年前几天都会带上爆米花锅回到北山街，在街中间开张营业。由于一段时间以来都是独家经营，故生意非常红火，甚至还有附近村屯的孩子拿米来排队等候。

“龙膨”是宰杀年猪的副产品。旧时，从腊月二十三开始，北山街养有年猪的家庭就会宰杀年猪，为过年准备猪肉、猪肝、猪骨等。对孩子们来说，杀年猪时最为期待的就是吃“龙膨”。“龙膨”是壮语的记音，杀年猪时将猪血留下，把猪小肠洗净，再把猪血与油渣、糯米饭和油盐拌匀灌入猪肠内，将灌好的猪肠用棉线绑成数节后放入锅里煮熟即成。将煮好的“龙膨”捞起滤干切成小段，可手抓而吃，也可盛于盘中上桌宴客，还可馈赠亲朋好友。

扣肉是北山过年不可缺少的特色食品。过年前就要准备好带皮五花肉、桂林腐乳、糯米酒曲、上等生抽和槟榔芋以制作扣肉。先将带皮五花肉和切片槟榔芋分别炸至金黄，然后将五花肉和芋头片裹上调料，再将其相间排放至碗里蒸熟即可。北山扣肉的特点是色泽金黄，酥而不烂，肥而不腻，芋片芳香，肉片味醇，色、香、味、形俱全。食用时同时夹起肉和芋头，一口咬下去，嘴里有芋头的香

正在煎豆腐圆的小吃摊摊主　吴继春 / 摄

* 旧时槟榔芋不易买到，北山人就以红薯来代替，做出来的红薯扣肉也别有一番风味。

味和肉的鲜美，两者融为一体，极为可口。*

都说两广“无鸡不成宴”，白切鸡自然是北山人过年酬神犒人的必需品。北山白切鸡选用“展鸡”（未下蛋的雌鸡）制作。将之处理并清洗干净后放入锅里，加水至没过鸡的位置就可以开始烹煮；水开后转小火煮 30 分钟左右，中途翻个面，使鸡均匀受热；30 分钟后把鸡取出放凉，而后对半切开，再砍成小块，摆入盘中。北山白切鸡肉质滑嫩，骨带微红，配上特制的盐碟蘸料，鸡肉原本的鲜美味道尽得显现。

北山街有这么一句歇后语：“三十晚的豆腐

圆——放心（芯）。”说的是在北山，年夜饭必须有豆腐圆，还得是有芯，即有馅料的豆腐圆。即便是穷苦人家，宁可少买鱼肉也要制作豆腐圆，以此寓意团圆。北山豆腐圆要选用好的水豆腐加盐揉碎成泥，将猪肉、猪油渣、木耳、香菇、酥花生米粉末、糯米饭分别剁碎后拌为馅料，然后抓少许豆腐泥摊平于掌心，放入馅料，再抓取豆腐封口，双掌将其搓成鸡蛋大小的圆球后上下来回滚搓、翻动，直至豆腐将馅料均匀包裹结实。将团好的豆腐圆置于吸水性强的白纸上，再放入油锅，煎至外表金黄、内馅熟透即可。豆腐圆成品表皮香脆，内里松软爽口，放置三天后依然保持酥脆，饮酒者最为喜爱。

清明

清明是追思祖德、教导后辈的传统节日。清明前后，北山山地商贸圈不同民族的民众会择日上坟扫墓，祭拜已故亲人。* 旧时北山做清明，只有刚故去不久的人，其家属会在清明那一天做，其他的则是在清明前后的 15 天内做。一般会选择中间一些的日子，而且亲戚朋友很少选在同一天做清明，常常会错开时间，以保证互相都有时间参加对方家做清明。

* 北山山地商贸圈的壮族属于广西北部壮族，不像广西南部壮族那样在农历三月三扫墓祭祖，与汉族清明文化更为融合。

北山做清明，一般在祭拜到最后一个坟墓时，众亲友先是在墓前以糯米饭、艾馍、猪肉为餐食，回到家之后再广邀亲朋好友聚餐，非常热闹。

清明正值春光明媚、草木吐绿的时节，也是北山民众制作艾馍的最佳时间。与如今市场上常见的以艾草制作的艾馍不同，旧时北山制作艾馍的原料是白头艾*。每年第一场春雨过后，白头艾就纷纷钻出地面，二三月份是最佳采摘时间。白头艾味道没有艾草那么浓烈，却多了一种独特的清香。北山人制作艾馍，先把白头艾摘下，洗净剁碎后捣成浓浆，而后与适量糯米粉混合，揉成光滑的面团，再分成若干剂子包上芝麻或花生馅，放在准备好的芭蕉叶上面，上锅蒸 15 至 20 分钟就可出锅。北山艾馍具有去油解腻、消食降火的功效。

* 白头艾学名鼠曲草，北山人因其布满了白色的茸毛而称之为白头艾，有的地方也因其主要生长在田里而称之为“田艾”。目前市场上用来制作艾馍的艾草，北山人因其味甚苦而称之为“苦艾”。

/ 夏长时节的酬神与犒人 /

四月八

农历四月八是北山民众为牛庆生的节日。旧时这一天不但不能使唤牛，还要清理牛栏，把牛牵到河溪擦洗干净，临近夜晚，在门前举行敬牛仪式：长者包一包五色糯米饭，插三炷香，家人按照辈分依序绕牛走一周，口吟敬牛歌，然后用五色糯米饭喂牛，剩余的五色糯米饭则成为全家人的美食。

在某种意义上，五色糯米饭再现了春天里大自然的颜色：用枫叶及其嫩茎之皮捣烂，稍为风干后浸入水中取得黑染料液，五色糯米饭的黑色即出于此；将黄花（密蒙花）汁煮沸后获得黄色染料液，以此染制黄色糯米饭；红染料、紫染料是用红蓝草经水煮而成——叶片稍长、颜色稍深的红蓝草煮出来的颜色较浓，泡出来的米呈紫色，叶片较圆、颜色较浅的红蓝草煮出来的颜色较淡，泡出来的米呈鲜红色；白色则是糯米的本色。天然色素使得北山的五色糯米饭颜色鲜、味道香、口感好，既可以单独食用，也可以加上猪油、腊肉、腊肠等一起在铁锅里焖炒，米香之外更添肉香，其美味非三言两语可以形容。

四月八，孩子们除了与大人共享五色糯米饭，还有煮熟染红了的红鸡蛋可以独享。四月八的红鸡蛋还需要装入用红色线绳编织成的网袋中并挂在小孩的胸前，孩子在街上走家串户地炫耀一番后才可以回家食用——传说食用这样的红鸡蛋可以护佑孩子健康成长。

五月初五

农历五月初五在北山就叫“过五月初五”，并不叫端午节，也没有祭祀屈原的说法，但辟邪求吉的意味还是很浓厚的。旧时，五月初五来临前的两个圩日，圩市会变成很热闹的药市，采集自山野的菖蒲、艾叶、苍术、雄黄等药物从街中间一直摆到西头尾。传说这两个圩日出售的药物疗效特别好，用其烧水沐浴可以祛百病。

对于北山的孩子来说，五月初五最具有吸引力的是妈妈包的各式各样的粽子，主要有三角粽、大粽。无论是三角粽还是大粽，都需要用特制的灰水来浸泡，因此北山粽子也可统称为北山灰水粽。灰水是将生长于山野之中的草木砍下晾干烧制成草木灰后兑水所得，其中尤以用黄荆烧制的灰水为最佳。

旧时北山灰水粽的原材料有糯米、灰水、粽叶、五花肉、花生、绿豆、板栗。* 农历五月初四，北山的妇女们就要开始包粽子了：一手微拢，铺叶、填米、放馅，叶尾回折，轻弹粽叶，叶头对折，以韧性好的禾绳绑扎成型。

* 花生是北山特产，绿豆和板栗北山极少出产，故旧时北山粽子的馅以五花肉和花生为主，只有少数人家才有条件用到绿豆、板栗。

到了五月初五，各家的母亲把长形的大粽装在用竹子特意编制的小猪崽笼中，并在笼下方挂上 4 只小三角粽做猪脚，让自家的孩子挑着出门沿街叫卖。那时候，北山街上到处都是挑着猪崽粽的孩童，孩子们一边游走一边叫喊“卖猪崽啰卖猪崽啰”，北山人以此来强化孩子们做生意的意识。

过完了五月初五，北山人家就要开始准备制作辣椒酱了。这时候从街东头到街西头，都可以呼吸到混杂着豆香和麦香的辣香。

北山辣椒酱是家家户户自行制作的美食，以豆酱为主麦酱为辅。其配方大同小异，邻里之间也会互相交流煮黄豆与麦子、发酵黄豆与麦子，以及买辣椒*、舂制辣椒酱、腌（晒）制辣椒酱等制作心得。

北山辣椒酱的重要材料——麦酱的制作十分繁复，需要将其放在大瓦盆中置于太阳光下腌晒，同时要注意不能让水和油进入。家母制作辣椒酱很有心得，其晒制麦酱的手艺更是出名，她所制的辣椒酱每年都得到亲友们的追捧。为了让麦酱得到充分日照，家母每天一早搭梯子把麦酱盆放到房屋的瓦面上才出去劳作，傍晚收工后又小心翼翼地把麦酱盆搬下来。劳作时如果发现要下雨，还得奔跑着赶回家把麦酱盆及时搬回屋中，以免麦酱遭遇雨淋而坏掉。**

* 旧时北山制作辣椒酱的辣椒主要来自北山山地商贸圈，最受欢迎的则是产自都安加贵大宿一带山间的牛角辣椒。

** 夏秋之际，北山阵雨频发。这些雨大多自南而北，先是突然间乌云滚滚，紧接着北山人称作“竹篙浪”的阵雨就出现在京口一带的群山之巅，并很快随风移动到板敢、塘利一带，接着过排峒楞，沿马道达马屁股，而后就到了北山街。这样的雨大大异于“细雨蒙蒙不见天”的春雨，一排接着一排的雨线像一根根竹篙密密麻麻一浪一浪地推进，气势十分吓人。

/ 秋收时节的酬神与犒人 /

七月十四

农历七月十四是北山民众祭祖的重要节日，但在北山，人们既不叫这一天中元节，也不叫鬼节，只称过该节日为“过七月十四”。七月十四正值抢种抢收的“双抢”季节，此时头茬的稻谷、玉米等农作物成熟，按照惯例，街坊父老要用新米祭祀爹奶（祖先）、报告收成。通常的做法是通过简单的仪式把祖先请回家来过节，每日晨、午、昏，供三次茶饭，七月十四夜晚 12 时把祖先送回。

旧时七月十四，人们劏鸡宰鸭，大祭列祖列宗，场面十分隆重。供桌上除了通常的三牲果品，还会摆上一只烧鸭和几块狗舌馍。此外，人们还要将用特制的香纸裁成的“纸衣”烧化给祖宗。当晚，家里老人会把烧成灰的香纸、纸制衣物鞋袜等用芭蕉叶或纸皮包好，放在纸制的船只或车马上，置于水渠里或大路旁，让祖先坐船或车马回去。

北山人过七月十四，烧鸭和狗舌馍是必不可少的。

北山烧鸭制作有选鸭、杀鸭、灌卤水、过油锅等步骤。北山烧鸭所用的鸭子一般是开春孵抱，于水稻栽插后下田放养 2 个月以上，每只约重 2.5 斤的鸭。不能用老鸭，最好还要选未换毛的鸭子，以免增加杀鸭拔毛时的麻烦。杀鸭时要先将鸭子的血全部放干，而后洗净，用开水烫过再拔毛。然后给光白鸭吹气，让鸭身膨胀，再把鸭腹切开一个小口，去内脏洗净，之后将准备好的姜、葱头、蒜头等剁碎并与腐乳、盐、香料等混合拌匀塞入鸭腹，并将切口绑住。最后，给鸭子的表皮抹上红糖，置于阴凉处晾三四个小时，等鸭身晾干后再把鸭子下油锅，在油锅中浸炸半个小时左右，烧鸭就可以出锅了。刚出锅的北山烧鸭色泽红艳，油润光亮，肥而不腻，肉质细嫩，鸭皮香脆，香味四溢，咀嚼间，特有的油脂香溢出，能让食客品尝到一种独有的甘甜。

狗舌馍因形状似狗的舌头而得名，是用糯米或糯玉米磨浆滤干拌上蔗糖后捏成形同狗舌的长条，以新鲜芭蕉叶包裹，上锅蒸制而成。吃时芭蕉叶香与米香交织，香甜可口。*

* 相比白馍和粽子，狗舌馍对原料的要求不高，有糯米自然好，旧时出于经济上的考虑，更多的家庭会以糯玉米来取代糯米，也不放馅，能撒上些芝麻就很不错了。随着经济条件的改善，北山人做狗舌馍除了可以用糯米，也会用花生、芝麻和蔗糖等做馅。

八月十五

农历八月十五也是北山民众的重要节日，过这个节日北山人也不称过中秋节，只说“过八月十五”。旧时北山人过八月十五的主要活动有祭祀祖先、全家聚餐，天黑之后会在门口设案摆月饼、“马仔”和柚子、芭蕉、石榴等果品，燃香烛供月亮。

北山的月饼主要有黄月饼和白米月饼。黄月饼以面粉为饼皮原料，包馅后填模制饼然后烘烤而成，色泽深黄鲜亮，个儿不大馅却多；白米月饼用糯米炒熟磨粉制饼蒸熟而成，饼如圆月，大者八九斤，小者七八两，饼较薄而无馅，饼面有嫦娥奔月、玉兔、金鸡、奔马、花草等图案，生动可爱，最受孩子们喜欢。

“马仔”是用新米磨浆滤干捏成小马形状的糕点，尤以羊角村做得最好，栩栩如生、物美价廉，非常抢手，往往供不应求。

在北山，八月十五那天人们还会给孩子制作柚子灯笼——将柚子果肉掏出，在柚皮上镂刻“花好月圆”一类文字，里面点上一支蜡烛，烛光和柚香就透过刻字处的镂空漏出来，既见亮光又有香气。

八月十五除了祭拜月亮，也要对唱山歌。旧时八月十五晚上可以说是一年对唱山歌的高潮。一首流传于北山的山歌唱出了北山过八月十五的场景：

八月十五一条街，哥送月饼妹送鞋。

哥的月饼花钱买，妹的鞋子手上来。

“请压禁”也是北山一带有悠久历史的八月十五活动。清光绪《庆远府志·风俗》如此记载庆远一带少数民族过八月十五的风俗：

> 蛮俗，八月十五夜不供月，惟以被覆妇女，用土音咒诵，妇女晕去，他人生魂即附其身，能歌能唱，名曰压禁。

这一记载至少有两方面信息值得关注。一方面，从这一记载可知，当时庆远一带少数民族尚无八月十五供月之俗，而如今北山有供月的习惯，可见民族间文化的交流、交融。

另一方面就是“压禁”。“压禁”是壮族传统习俗，最初属于原始巫术的一种，后来北山“做压禁”演变成一种娱乐形式。八月十五圆月当空之时，人们集结在晒谷场，法童婆坐在凳子上，从头到脚用被单盖着。几个请仙的中老年妇女在法童婆的身边转圈，边转边唱请仙的歌谣：“压禁姐，问你船来是路来？船来烂去几把伞，路来烂去几双鞋？”在请仙者的歌唱声中，法童婆全身抖动起来。此时，请仙的人就会开始向她问话，法童婆则对答如流，说自己是刘三姐下凡，然后应人们的要求唱一整晚的山歌……

宜州文联原副主席徐梦光写有《请压禁》一诗，再现了相关情景：

一盘清水月当中，小小村姑皂被蒙。
斩棘披荆接姐到，闻声不见玉尊容。
压禁对歌承仙韵，下界三姐绎唱功。
轮满今宵人喜聚，山音畅弋广寒宫。

/ 冬藏时节的酬神与犒人 /

冬至

冬天到来，北山人有过冬至之俗，主要是在冬至日早上煮汤圆吃。旧时，条件好的家庭所食汤圆有碾碎的炒花生或芝麻拌糖为馅，条件稍差的家庭则基本上食用无馅的汤圆。

油堆也是北山冬至时的特色小吃，是将糯米浆或糯玉米浆榨干水分后捏为馍炸制而成。油堆有圆形和椭圆形两种。圆形的油堆其馅是甜的，由蔗糖和芝麻、花生混合而成，炸熟后即可食用。椭圆形的油堆以黑豆、饭豆等与芥菜苗混合为馅，炸熟后酥脆可口，配以酸辣的酸水作为调料更佳。

北山知名人士

▼传统社会结构的解体，似乎让乡贤失去了生存的土壤和发展的空间，让我们难以再拥有传统意义上的乡贤。但无论如何，北山人都不应忘记，这里曾涌现出乐于服务乡梓的乡贤。

北山生意人

/ 小本生意桥头叔爹 /

桥头叔爹姓韦，名志奎，但北山街许多人并不知道他的名字，因为他住在北山街西头小桥的另外一头，所以大家都叫他桥头叔爹。

桥头叔爹身材也算得上魁梧，酒糟鼻，当过国民党的兵，1948 年归附解放军，后来受伤就退伍回乡，靠制售扯软糖、丝耳糖和硬糖的小本生意为生。计划经济时期，北山街日常卖的小吃不多，除了酸嘢，最受孩子们欢迎的就是桥头叔爹卖的扯软糖了。桥头叔爹做的虽然是小本生意，但在北山街是独一家，因此生意还是不错的，足够桥头叔爹在解决温饱的同时喝上几口小酒。

桥头叔爹做的扯软糖卖两分钱一根，硬糖卖一分钱一颗，丝耳糖卖五分钱一块。桥头叔爹卖糖没有固定的摊位，从街西头沿着街中间到街东头，来回叫卖。

现在看起来桥头叔爹卖的糖不算贵，可在当年并不便宜。那时我们买得最多的是最便宜的硬糖，偶尔能买一根扯软糖就很不错了。丝耳糖又甜又香，但我们买不起，也舍不得买，常常是父母“发了善心”我们才有机会尝到。

桥头叔爹是我们五队的家属，他的妻子黎美珍来自都安百旺一带，脸上有些麻点，我们都叫她桥头叔奶。桥头叔奶是五队的妇女主任，五队的孩子放农忙假回生产队学习务农时，通常是由她来管理，因此我们都有点怕她。

可能因为没有生养子女，桥头叔爹对孩子们十分和蔼。桥头叔爹夏天时喜欢到龙脚塘钓鱼，街西头的孩子也经常跑去那儿钓鱼，每次看到桥头叔爹满载而归，都对他崇拜得不得了。后来我们发现了桥头叔爹每次都能满载而归的秘密——他一直在一个固定的地方喂鱼打窝。有一次，我们赶在桥头叔爹之前跑到他打窝的地方把所有的钓鱼点都占了，桥头叔爹来到后对我们吹胡子瞪眼的，但我们都不怕他，他也拿我们没办法，只好嘟嘟囔囔地离开。

/ 杂货铺老板樊宏光 /

樊宏光做的生意更大，当时算得上北山街的“首富”。

樊宏光住在北山街街中间——北山街最适合做生意的地段，做的是杂货铺的生意。可能是铺面够大、经营较久的缘故，樊家的杂货铺是北山街三家民营杂货铺中生意最兴旺的一家。每到圩日，樊家的杂货铺就人来人往，川流不息。逢年过节，去樊家杂货铺买东西的人更是让店铺拥挤不堪。

樊宏光最小的儿子樊亮星是我小学和初中同学，我也因此而有机会常去他家玩。印象最深的就是樊宏光和他妻子都非常和蔼，人们常说和气生财，这或许就是樊家杂货铺受乡亲热捧的原因。

/ 小吃店老板伍瑶璋 /

伍瑶璋也住在街中间。伍瑶璋原籍容县，是北山为数不多的能讲一口流利粤语的人，喊得一口流利的广码，在北山很有影响。*

* 广码即用“白话”（粤语）来猜码。在北山，人们以会喊广码为荣，认为那是见多识广的表现。

伍瑶璋在20世纪40年代来到北山开药店，卖些中成药和西药。新中国成立后，按照政策，伍瑶璋曾参加北山联合诊所，后来因故被迫放弃行医，与妻子靠卖凉粉、酸嘢、绿豆粥等小吃度日。圩日里，伍瑶璋的小吃店自然也对外营业，平日里光顾小吃店的则更多还是北山街的街坊们。

虽然做的生意不大，但伍瑶璋谈吐不凡，颇有眼界，算得上北山街有见识的人。改革开放后，他还一度订了《中国青年》《羊城晚报》等报刊放在小店里，租给赶圩的人阅读。*

/ 榨油坊老板蒋宝隆 /

北山曾是油茶、花生、芝麻等食用油原材料产地，宜山解放前有九家榨油坊，宜山解放初期宜山县油脂公司就设在北山街，由此可见当时北山街生产的食用油对全县食用油供应的影响。

蒋宝隆就是过去北山街九家榨油坊的老板之一。蒋宝隆老家在宾阳，1885 年其祖父蒋亮芳从宾阳蒋家村来到北山街经商谋生并在此定居。蒋家在北山街的底下排，也是很适合做生意的地段。

蒋宝隆年轻时也是北山街做生意的一把好手。十五岁，蒋宝隆到拉仁索潭街舅舅家的榨油坊帮工，并在那里认识了廖华湘。** 几年后，蒋宝隆回到北山街开榨油坊，收购北山、加贵一带的油茶来加工，榨出的茶油在北山乃至宜州县城销售。经过数年辛勤劳作，蒋宝隆的生意日益红火，拥有一座榨油坊和三亩土地，他本人也因为榨油生意而名声在外。

土改划成分时，因为蒋宝隆家有三亩土地出租，工作队对照政策条文后，最终将他定为小土地

* 因伍瑶璋与家父多有往来，故按家父的吩咐，我称伍瑶璋为姑公。我在梅洞小学任教时，周末回北山常抽空到伍瑶璋姑公那里坐坐，他会把当周的报刊免费借给我看。那段时间正值《羊城晚报》连载梁羽生的武侠小说《七剑下天山》，我就是在伍瑶璋姑公那里“追连载”的。

** 家父廖忠杰幼失怙恃，与家叔廖忠平随大姑妈廖华湘同蒋宝隆一家生活，并有机会读小学，后来才得以到北山供销社工作。如果没有得到作为家长的蒋宝隆的同意，家父可能就没有这样的好日子了。也因此，我称蒋宝隆为姑公。

出租者。蒋宝隆的榨油坊没有被没收归公，而是租给政府使用。1954年公私合营时，政府想要征收蒋宝隆的榨油坊，但他不同意，想留着等有机会再自己经营。其时也有生产队想要购买他的榨油设备，他却倔强地表示：不卖！就是沤烂也要让它们烂在家里！于是，北山街九家榨油坊只有蒋宝隆的榨油设备一直保留在家中。

改革开放后，国家恢复和发展个体经营。蒋宝隆彼时虽已年老但仍雄心不已，仍想利用留在家中的榨油设备重新开榨油坊。他的几个儿子劝阻无效，只好带他去参观北山粮站的机械化榨油设备。直到那时蒋宝隆才知道，自己那一套传统的榨油方法已经无法与机器榨油竞争，最终只得无奈地同意把保留了近三十年的榨油设备拆了。至此，北山最后一家榨油坊消逝了，北山街也留下了“蒋宝隆的榨油坊——沤烂也不卖”的古把。

/ 走南闯北话梁纯 /

相较于终其一生都未能盼来东山再起之机的蒋宝隆，梁纯要幸运得多，他借改革开放的东风在商海中乘风破浪、大展宏图，迎来大显身手的机会。

梁家旧时是北山街的大家族，宜山解放后也和大家一样在生产队务农。梁纯头脑灵活，在生产队没多久就离开

“面朝黄土背朝天”的田间劳作，加入北山马车队赶起马车跑运输，往返于北山与宜山之间拉货，为生产队搞副业。

改革开放之后，梁纯感受到了国家政策的变化，成为北山街第一批勇于“吃螃蟹”的人。梁纯做的还是老本行，但他已不满足于小打小闹的马车运输，而是购买汽车来拉货。通过汽车运输致富后，梁纯把眼光投向了更为宽阔的地方。针对北山、宜州有大量年轻人前往广东东莞一带打工、经商，往返于这一线路的客运需求较大的现象，梁纯大胆投资，买了好几辆大巴车，专门跑长途客运。在他的带动下，北山街不少人也开始干汽车营运，北山人成了宜州公路运输的一支庞大力量。据说如今北山车队在宜州还占有近半数的车辆（包括货车）。*

* 1984年，河池地区行署在宜山县三岔乡召开农村工作现场会，表彰了全地区23名农村致富能手，北山有两人受到表彰，梁纯即其中之一。

致富后的梁纯也热心于北山的事务。2010年，梁纯与其他热心的乡亲一起推动北山街白云寺的重建工作，人们出力出资，辛勤劳动，三个月内就完成了白云寺内部的基本维修，并从浙江温州运回了九尊佛像。

北山艺人

/ 北山唱戏人 /

桂剧班主蒋胜兰

宜山解放前，北山桂剧班的班主是蒋胜兰。蒋胜兰在抗战期间编写了以抗日救国为主题的彩调剧《替夫从军》，由北山街调子班在北山一带乡村演出。演出反响热烈，极大地推动了北山一带抗日救亡活动的开展。

新中国成立后到“四清”运动前这一段时间，宜山一带群众的文化生活十分丰富，北山街经常演出桂剧或彩调，戏班一直都在蒋胜兰家排戏。1956 年和 1957 年，蒋胜兰以知名艺人的身份参加宜山县举办的彩调老艺人训练班。

蒋胜兰是北山一带的戏曲大师，既教桂剧也教彩调，培养了一批颇有名气的戏剧演员。可惜除“四旧”时，蒋胜兰被迫把演桂剧和彩调的家当，诸如二弦、月琴、三弦、胡琴、脆鼓（板鼓）、战鼓、大小堂鼓、板（扎板）、大锣、大钹、小锣、小钹、碰铃等文场与武场乐器，以及袍裙、髯口等服饰，全部深埋在泥土里。

蒋胜兰原来是演小生的，演过赵云等角色，后来因患哮喘，唱不得了才改为打鼓、做导演。一般的观众可能会以为打鼓没有什么学问，其实和京剧一样，小鼓就是彩调的“乐队指挥”，打小鼓的是师傅。

“舞台强盗”韦尚昆

韦尚昆生于1905年，北山镇塘利村人，曾在王家班班头王子庄于北山街举办的调子馆学艺，主攻丑角，擅长烂丑，以演“强盗戏”闻名，曾因演《双喜临门》中的强盗一角而有“舞台强盗”之称。

韦尚昆读过私塾，识乐谱，唱功、技巧与其他普通演员不同，常演剧目有《双喜临门》《娘送女》《蠢子卖纱》《阿懒卖猪》《汪三吹烟》《大闹屠行》《裤子换烟》《王二报喜》等，尤以“蠢子戏”见长。20世纪30年代，他组建的合众堂调子班常在宜山一带演出。他也多次应邀前往都安、罗城、融水等地传艺授徒。20世纪50年代，他多次任教于宜山专区和宜山县的彩调老艺人训练班。1962年，韦尚昆参加广西彩调老艺人座谈会，献出十余个彩调传统剧目，展示了一批彩调唱腔。

知名艺人戴云忠

戴云忠生于1930年，八岁时拜师蒋胜兰学彩调，宜山解放之初曾任宜山北山乡业余剧团团长。

戴云忠擅长小生，主演过《对子调》《跑菜园》《王三打鸟》《妹在漓江》《快乐的炊事员》等剧目，他演的《王三打鸟》更是堪称出神入化，非常精彩。1952 年，戴云忠与韦文佩饰演的彩调剧《对子调》参加宜山专区首届戏曲观摩会演并获奖，该剧还成为当年 11 月底举办的宜山专区彩调艺人训练班的示范剧目。1953 年冬，《对子调》被选送参加桂西首届民间业余文艺观摩会演，获节目优秀奖、个人优秀奖。1954 年初，《对子调》代表广西参加中南第二届戏曲观摩会演，获优秀奖，戴云忠也被选拔到广西民族歌舞团当演员。后来，戴云忠主演的《快乐的炊事员》参加 1960 年全国少数民族文艺会演。

20 世纪 60 年代中期，戴云忠被下放到百色地区田东县文艺队，后因为妻儿都在北山老家，生活比较困难，就辞职回家务农，后来也赶过马车。戴云忠有七个子女，有段时间一家九口人就靠他赶马车维持生计。尽管生活艰辛，回到家乡的戴云忠始终没有放弃对彩调艺术的追求，还经常上台表演《王三打鸟》《王二报喜》等剧目。

1978 年冬，宜山举办彩调演员训练班，特别聘请戴云忠担任指导老师，之后戴云忠又受邀参加宜山县文艺辅导队，在全县巡回辅导。再后来，他又担任根据话剧改编的彩调剧《救救他》的主演。

晚年，戴云忠乐于培训北山青年学习彩调，培养了方绍权、曾秀群、卢胜义、黄天光等一批业余彩调演员。这些业余演员无论是在北山演出，还是外出演出，或是参加会演，都得到群众的好评，有的还获了奖。

彩调演员蒋健雄

蒋健雄乃广西彩调团二级演员，是蒋胜兰的大儿子，从小受父亲熏陶，演彩调可以说是有家学渊源。

宜山解放后，蒋健雄参加宜山专区彩调训练班学习彩调表演。1956 年 5 月，因表演出众，蒋健雄成为广西文艺干校彩调班的学员 *；同年 11 月，广西彩调团成立，蒋健雄被选入团，成为广西第一代彩调专业演员。20 世纪 60 年代，蒋健雄作为彩调剧《刘三姐》剧组成员随团前往北京为党和国家领导人演出，创造了广西彩调“四进怀仁堂”的文艺佳话。后来，他又参加歌舞剧《刘三姐》赴全国多个省份的演出。改革开放后，广西彩调团重排彩调剧《刘三姐》，蒋健雄在剧中扮演财主莫怀仁，很受观众欢迎。

* 蒋健雄是最早来到南宁谋生的北山街人。他们一家人待人热情，蒋家于是成了北山街的乡亲来南宁上学、工作和办事的第一落脚点。大学毕业后，我到广西民族文化艺术研究院工作，与蒋健雄同属一个系统，住在一个大院里，也就有机会经常见到蒋健雄，并时常得到他的关照。蒋健雄退休后，依然应邀到各地指导排演彩调，并抽空撰写彩调剧剧本。

蒋健雄工小生、正丑，曾在《双摆渡》《蠢子卖纱》《伟大的战士》《夺印》《八姆正传》等剧目中担任主要角色或重要配角，他担任主演饰演雷锋一角的《伟大的战士》录音曾在广西人民广播电台播放。蒋健雄还参加过传统剧目的整理改编和现代剧的创作，是大型现代戏《山花向阳》、儿童剧《还珠洞》的编导之一。

/ 北山音乐人 /

北山的音乐人不算太多，在我们这一代人的印象中，北山街称得上音乐人的仅有龚庆全、周凤平、韦汉生。

手风琴演奏家龚庆全

龚庆全是龚家的老大，故北山街人多称他作“龚大哥”。龚大哥原为非农业人口，后来下放到北山大队第八生产队务农。

在北山街，龚大哥有一个有名的绰号叫“龚发财”。龚大哥生于生意世家，有一定的经济头脑。计划经济时期，龚大哥就知道利用工余时间在自留地里种大白菜，起早贪黑地精心护理。这些大白菜长好后在市场上很是抢手，他也因此高兴得逢人就说：“我发财了，今年我发财了！”可高兴还没几天他就成了“走资本主义道路”的典型，成为生产队的批判对象。到了改革开放初期，龚大哥夫妇俩蒸米粉卖，也是供不应求，还请了几个人来帮忙。卖米粉让龚家的生活上了一个大台阶，龚大哥常在酒后说：“过去种几蔸白菜就以为发财了，现在我才是真正的发财，成了‘龚发财’！”

对于比龚大哥小一辈的我们来说，比“龚发财”更吸引我们的是龚大哥拉的手风琴。不知道龚大哥什么时候从哪里弄到一架手风琴，也不知道他是向谁学习的，只记得茶余饭后，龚大哥时不时就摆弄起那架北山街唯一的手风琴，满脸自豪地演奏起来，有时候演奏的是《花儿与少年》《康定情歌》《草原上升起不落的太阳》《打虎上山》《北京喜讯到边寨》等中国乐曲，有时候则会演奏《莫斯科郊外的晚上》《三套车》《喀秋莎》《啊，朋友再见》等外国名曲。

二胡演奏家周凤平

家在街中间的周凤平也是少数堪称音乐人的北山街街坊之一。

周凤平是个盲人，在北山街，极少有人以大名称呼他，辈分高于他的街坊通常按他在家中兄弟姊妹间的排行叫他周老五，辈分低于他的则称他作周五哥。

周五哥为人随和，他出众的音乐才华更是令人敬佩。俗话说“上天关上一扇门，同时也打开了一扇窗”，对于周五哥来说，先天性的失明确实给他的生活带来了诸多不便，但或许是上天对他的补偿，周五哥在二胡演奏方面称得上是才华横溢。

周五哥最擅长演奏《良宵》《空山鸟语》《月夜》《流波曲》等乐曲。可能与其自身的遭遇有关，周五哥更钟情于著名民间音乐家阿炳创作的二胡名曲《二泉映月》《听松》《寒春风曲》，时常在清冷的月夜演奏，哀怨凄婉，令人潸然泪下。在心情愉悦的时候，周五哥也会演奏《赛马》《战马奔腾》等昂然激越的二胡名曲。

除了二胡演奏，周五哥吹的笛子在北山也颇有名气。与二胡相比，周五哥的笛子吹得就欢快多了。他经常吹奏的曲目有《扬鞭催马运粮忙》《绣红旗》《北京的金山上》《红星照我去战斗》。

因家就在街中间，做生意有地利之便，周五哥后来做起了贩卖甘蔗、水果等生意，还成了亲，同妻子一起做生意讨生活。

“音乐全才”韦汉生

家住北山街西头尾的韦汉生称得上是北山街乃至北山镇的音乐全才。

韦汉生身材有些矮小，看似平平无奇，其人生经历却处处神奇。年轻的时候，韦汉生曾经远赴新疆寻找工作，后来又回到家乡务农。因为力气不大，韦汉生干农活没有多少优势，但他拥有的音乐才华在北山街是很出众的。

我们最早知道韦汉生有音乐才华，是在听了他的口琴演奏之后。在劳作间隙，韦汉生常常从口袋里掏出口琴吹奏起当时流行的曲目，像是《红色娘子军》《乌苏里船歌》《映山红》等。他的吹奏令我们陶醉，劳作的疲惫也仿佛减轻了许多。令我印象最深的，还是他吹奏的朝鲜电影《南江村的妇女》插曲《故乡的骄傲》。

计划经济时期，大队、生产队时常会举办一些文艺活动，我们五队最出彩的是合唱，因为我们有一个全北山最棒的合唱指挥韦汉生。无论是《我们走在大路上》《没有共产党就没有新中国》，还是《团结就是力量》，由于韦汉生的出色指挥，五队的合唱效果总是最好的，队里也因此拿了不少奖。

韦汉生的音乐才华还体现在作曲上。无论是器乐还是声乐，大抵还是唱奏已有的作品，与之相比，作曲说得上是真正的音乐创作活动。在当时的乡村，作曲在人们看来就是文艺活动中最“高大上”的工作，有能力作曲者令人仰慕。韦汉生与北山街的韦锦田合作，前者作曲后者写词，共同创作了不少歌曲。20 世纪 70 年代初，韦汉生被抽调到公社文艺队。当时为了参加全县文艺会演，他邀请韦锦田创作了快板剧《一床薄膜》，顺利在宜山县文艺会演中上演并荣获一等奖，河池地区文化局还发文要求各县文艺队在春节演出《一床薄膜》。*

* 韦锦田初中毕业后原在北山八队插队务农，后因创作《一床薄膜》而获得推荐到广西大学学习的机会。

21 世纪初，韦汉生离家出走，据说去了新疆采风，但至今仍不知其踪。北山街最具才华的音乐人，就这样与我们断了联系。

北山诗人

宜州是传说中歌仙刘三姐的故乡，北山山地商贸圈也素有传唱山歌的传统，山歌的诗性智慧亦特别受大众推崇。随着中原文化的传入，中华诗词文化在北山一带与山歌的诗性智慧相互碰撞，雅俗融合，历代北山民众也因此在传唱山歌的同时对诗歌创作产生兴趣，形成了独具特色的诗词文化，呈现出民族文化的融合与对中华文化的认同。* 北山至今仍有民间自发组织、成员超百名的诗社、诗词学会等在活动。

* 改革开放之后，宜州一带除了传唱刘三姐歌谣，还有一批优秀的山歌手将刘三姐歌谣中具有的诗性智慧转化于诗歌创作。刘三姐歌谣自治区级非物质文化遗产代表性传承人黄月霜便是其中的佼佼者。

与传统社会中诗歌创作者多为达官贵人或文人雅士不同，北山的诗人多为普通人。他们身体力行的诗歌创作活动串联起了民间歌谣的“俗”与传统诗词的“雅”，更把中华诗词文化传播到桂西北山地多民族聚居地区，并使之于此生根开花，以之促进北山山地商贸圈的多民族交往，增进了北山群众对中华文化的认同。

/ 风韵独标梁佩南 /

梁佩南，字栋林，北山镇北汉屯人，民国时期做过私塾先生，后幕游江右，曾任著名爱国人士、抗日名将覃异之的秘书多年。其一生酷爱诗词创作，在北山一带是与北山小学首任校长李国梁齐名的知名诗人。

2020 年，我获知梁佩南有诗集手抄本《梁山诗集》传世，颇为惊喜，后来请韦锦田先生帮助整理。《梁山诗集》成编于 1949 年，而早在 1940 年，梁佩南就已编有《梁山诗文集》。历尽磨难,《梁山诗文集》现已难见踪影，唯《梁山诗集》得以幸存。

《梁山诗集》共收有梁佩南历年创作的诗作 230 首，得宜州名士林炳华赏识，由其挚友李国梁作序。李国梁在序中极力推崇梁佩南的诗作：“吾乡栋林君者，于诗之道，风韵独标，足称斫轮老手，大有唐人风度，其才其品早见重于艺林中……所冀梁山诗集，力能付梓，早公诸世，以并放翁之《剑南诗钞》、璩子之《读史百咏》相互映，未始不为诗学之一助。”并赋诗一首：“小楼闲坐看诗章，尽日披芸手自忙。摩诘吟篇堪媲美，杜陵遗墨在生香。高山流水音谁赏，结绿青萍价自昂。遍阅群诗惊老眼，好留后进作津梁。”

梁佩南的诗歌，有写景之作，如《春日即景》：“有兴寻芳结伴行，一时佳境孰想侔。满园桃李花争艳，曲径芝兰草对幽。细柳垂杨风栩栩，绿萍青藻水悠悠。夕阳半坠人归去，恰遇红颜落彩楼。”也多师友间的相互酬唱，如《赠师长覃异之》：“陈师鞠旅壮威声，湘北标扬汉将旌。得意骚坛雄战笔，运筹虎帐畅谈兵。题留永着伏波垒，剑试高歌细柳营。李杜诗才韩范略，人间木草亦知名。”更有同仇敌忾的抗战精神，如《吊阵亡将士》：“有志男儿抗战亡，头颅虽丧首中央。倘能实录垂青史，更胜人间奠一觞。”《送子从军》：“吾儿为国远从军，杀尽胡人快返程。忠孝盛传千古事，趁此弱冠请长缨。”也不乏壮志未酬的感慨，如《遣怀》：“半亩田园一钓竿，随缘消受淡疏餐。蓬门岂是低人志，菽水何妨博母欢。宝剑有时终大震，儒冠当道肯轻弹。旁观扼背嗟无补，痛哭长沙上治安。”足显诗人之情怀。

/ 如斯而已韦矩奎 /

韦矩奎家住北山街，是李国梁的外甥，一生好诗，长于律诗创作，著有诗稿《诗咏杂录》。其诗作或写故园春景：“扶节原野步荒丘，满目春光眼下收。花卉丛林排紫白，鱼儿随水任沉浮。风停堤畔轻垂柳，耘罢田边正放牛。玩水观山心已乐，安闲而外更何求。”（《春游即兴》）或咏莲以自拟：“尘埃不染寄清池，无蔓无枝独自奇。玉是肌骨心皎洁，清和我亦似花枝。”（《咏莲》）或登山而自抒：“雨后初晴情绪畅，漫循野道强登山。倦来小坐松林下，聊作浮生半日闲。”（《登山》）或因投笔从戎不成而自叹：“书话亲存未远游，纵然梓木应相优。地平任我前趋向，家道凭爷费计谋。此日暂分诸姊妹，来年还望出人头。从今不享清闲福，但愿蹉跎遍地球。”或写农家之不易：“一生一世在田家，手脚粗纹惯种瓜。常取荆榛炊粥饭，衣裙缝纫是桑麻。”“做完家务下田畴，背子担筐抢种收。只望年丰衣食足，管他烈日晒当头。”（《农妇二首》）或抒发思父之情：“荒烟不断锁春城，往事徘徊感慨生。十六年前阿父在，操劳疾苦费儿心。”“父兮已作黄粱梦，永别儿孙成古丘。野火寒烟何处是，几番悲泪几番愁。”（《思父二首》）或叙写盛世之乐：“荏苒光阴催老人，浮华快度八三春。儿孙膝下堪行乐，杯酒壶中宜晚斟。拟与青松过岁月，添多白发慰平生。幸逢盛世多恩泽，化日光天到处明。”

在北山流传着这样一个古把：“韦矩奎写的挽幛——如斯而已。”旧时北山街有老人过世后街坊为其送挽幛之俗，挽幛大多是溢美之词，韦矩奎的写法——“如斯而已”在一众挽词中就不多见了。韦矩奎上过学，民国时期在称作“四十八峒”的山地峒场一带山村教过书。他熟读《庄子》等经典，深受传统文化影响，“如斯而已”的挽幛反映了他对待生与死的态度受庄子思想的影响——人生莫过如此。

/ 八景诗人郭太清 /

“八景”是中国常见的将一地风物景观概括而论的说法，许多地方称其景物为八景。北宋沈括《梦溪笔谈》有这样的记载：“度支员外郎宋迪，工画，尤善为平远山水。其得意者，有‘平沙雁落’‘远浦帆归’‘山市晴岚’‘江天暮雪’‘洞庭秋月’‘潇相夜雨’‘烟寺晚钟’‘渔村落照’，谓之‘八景’。好事者多传之。”此即著名的潇湘八景。《庆远府志》记载的宜州八景分别为“会仙远眺”“广化高瞻”“龙江夜月”“鹤岭秋风”“丹霞夕照”“青鸟朝云”“墨池烟雨”“莲沼晴澜”，但似乎尚未见到有专门吟咏此八景的组诗。倒是北山，除了有李国梁《咏北山八景》组诗，北山镇小八仙屯的郭太清也作有《北山八景》组诗。

郭太清，号八仙子，自幼受祖父熏陶，通读诸子百家，七岁初学应对，十岁能诗词，做过民办教师，曾任北山诗词学会会长，著有《红尘拾梦》《龙江花月》《群芳集》等。

李国梁《咏北山八景》组诗从狭义的北山即北山街的视角来选取并吟唱北山八景，郭太清《北山八景》组诗则是从广义的北山即北山山地商贸圈的视角来选取抒写。具体来说，郭太清是立足小八仙屯来选取他眼中的北山八景。其中涉及北山街景观的只有一首《白云雄姿》：“峥嵘突兀指苍穹，独占北山第一峰。万壑丛中争虎踞，千岸嶂内斗玲珑。惊人狡兔没荒径，猎食雕鹰隐巨松。拔地大张狮子口，气吞万里欲称雄。”这首诗写出了北山街白云岩（大岩）的雄浑之势。《梅洞村晚》写的是梅洞村夕阳西下时的景观：“晚风习习暮云低，宿鸟归林呼伴栖。何处炊烟横古树，谁家楼阁映琉璃。山隈俗艳争春早，洞口馨梅傲雪迟。几个村娃坐牛去，夕阳冉冉鹧鸪啼。”《香梅幽境》写的是香梅水库一带的胜景：“寻访揽胜约登山，竹舫轻摇香梅台。龙隐深潭绿水冷，云封古洞碧苔斑。青峰夕照归鸦晚，翠柳含烟逐暮寒。总被野花留客住，露湿草径马蹄阑。”其余几首，或写拉寨春深，或写石花春趣，或写龙塘秋意，或写古桥雨后，或写镇远峰秋景。

/ 诗乐双才韦国卿 /

韦国卿是北山街“街上人”，曾任宜山县第五区土改工作队组长、北牙区文教助理，1962 年调至北山税务所，后又到庆远镇工作。*韦国卿可谓北山雅士，爱好广泛，尤其钟爱二胡、京胡演奏，茶余饭后时常能听到他演奏样板戏曲目。

韦国卿对诗歌创作也有很大的热忱，多以诗歌叙写当下生活，如《七律·春郊漫吟》：“春晴漫步

* 韦国卿住在我家斜对面，因此，我们兄妹与韦国卿多有往来。除了借小说给我，他也曾指导我们学书法。韦国卿嗜酒，久而久之我们兄妹就戏称其为“酒”，他听了也不生气，反倒非常开心。后来，“酒”就成了我们兄妹对他独有的称谓。

镇郊逛，得意黄莺唛唱忙。柳带轻摇迎旭日，人衣新剪时髦装。楼台原址茅檐地，炊厨无烟电器帮。满眼河山呈秀色，祚随庚午乐尧疆。”《早晚》：“早起端桩习篆功，烧茶炊饭自从容。定期浇水滋盆景，隔日投食填鸟盅。兴至吟诗歌大有，客来煮酒话时雍。后楼鸡舍常清理，晚向荧屏看‘济公’。”

韦国卿是个性情中人，非常珍惜朋友之间的感情。其《思友》一诗写出他对多年不见的友人的惦念：“多年离别各西东，岁月催人变老翁。入梦几回寻旧雨，停云望断去来鸿。”他酷爱书法，是宜州知名书法家刘省三的至交，二人互有切磋。后来刘省三逝世，韦国卿写下了哀恸至深的《悼至友刘省三》：“音容自此渺河山，流水夕阳怅不堪。往日惑难为我解，今朝纰缪倩谁删。谈天论地皆获益，品画评书眼更宽。此去蓬莱安息好，典型留给后人看。”“立身持正足堪钦，品德兼良启后尘。书苑挥毫留砚迹，乐坛顾曲洞弦情。三年雨露欣沾溉，卅载风霜备苦辛。岁晚律回冰雪尽，艺林何折一枝春？”

/ 传奇巾帼韦彩云 /

1980 年，我从宜山县师范学校毕业后分配到梅洞小学任教，当时颇得由怀道村嫁至梅洞村的韦彩云老人关照。

不过那时我并不知其大名，只是跟随大家称她为“江奶”*。后来翻阅《宜州四百年诗词选》，发现收录了她的诗歌作品，颇感惊喜。

* 壮族习惯以子女或孙辈的名称来称呼其长辈。韦彩云孙女名为黄佩江，故村民称其为江奶。佩江之名乃江奶所起，取“钦佩祖国江山”之意，由此亦可见江奶胸中之诗意。

江奶性格开朗，乐于助人，擅以草药为人治病。她曾为小学教师，后来成为北山一带有名的山歌手，热心于传唱山歌，也热衷于诗歌创作，是不多见的歌手兼诗人。江奶和北山山地商贸圈的诗坛前辈李国梁多有往来，与诗友蓝必轩、曾文俊、凌继新等时常相互唱和，也结交了宜州山歌手、诗人黄月霜。江奶不但时常受邀担任山歌会的评委，还常在年轻人办婚礼时应邀挥毫撰写喜联，是北山一带有名的诗家。《宜州四百年诗词选》收有江奶诗歌六首，其中《重游八仙岩感言》“八仙胜地古今优，历有贤能事远谋。任是岩中老者健，挺身重任景新稠”抒写了重游八仙岩的感怀；《有感二首·其二》“初登九五有何愁？女顺孙贤礼数周。苦尽甘来都靠党，红阳伴我到宜州”呈现其晚年生活的愉悦；《爱我中华·其二》“香港刚回慈母怀，澳门随后又归来。台湾兄弟快知觉，祖国政权一统裁”体现了江奶期盼国家统一的赤子情怀。

2012 年 11 月 3 日，九十一岁高龄的江奶邀请河池宜州、金城江，以及柳州等地的七十余位诗友到梅洞聚会，对唱山歌，吟诗作赋。其时，蓝志焕作《赠韦彩云女士》一诗以示纪念：“传奇巾帼九旬多，慕访芳名容似梭。乐意解囊酬艺圃，为民送子效华佗。唐音醉客人争诵，医术超群庶赞歌。祝逾期颐齐把酒，壮乡雅调撼山河。”韦伟琼也作《问候江奶》一诗表示对江奶的崇敬：“菊风习习播香寒，遐迩吟朋扣懿安。鹤杖逡巡犹问诊，杏林守望不收山。初裁句颖心花放，小聚情浓醪酒酣。我祝阿姑身体健，宏开寿域乐诗坛。”

2020 年，年近百岁的江奶告别了生养她的乡村，告别了她恋恋不舍的诗友，驾鹤西去。

“一张白纸飞过街，哪个读书哪个乖。”正是在北山一代又一代民间知识分子的坚持下，中华文脉得以在北山山地商贸圈世代传承，形成了北山尊重知识、以读书为荣的风气。*

* 北山一带尊重知识的风气，在北山人日常言行举止中可见一斑。北山街西头的谢老先生中过秀才。一次，他打赤膊晒太阳。别人问他为什么大热天还晒太阳，他回答说他在晒书。别人又问他书在哪里，他自豪地用扇子指了指肚子说：“都在里面装着呢！”大宿一带的青年达东不识字但十分关心时新消息。在一个圩日，大家看见达东倒拿着一张报纸在看，就故意问他有什么消息。达东一本正经地用壮话回答：“该刚落，古卵濑！（不讲啦，乱得很呢！）”北山街东头邵家双胞胎平时不怎么爱学习，有一天大家却见这两兄弟穿着整齐的白衬衫，口袋上还插着钢笔。在当时，拥有钢笔是有文化的象征，这让兄弟俩显得“文气”十足。后来人们才发现那只是钢笔的笔帽而已。

北山乡贤

在中国传统社会中，乡贤一直是一个非常独特的群体。所谓乡贤，指的是客观上有能力且主观上乐于服务乡梓的人。北山能称乡贤者，不一定有权势，也不一定是某类“文化精英”，但无论如何，这些人士总归在某一方面拥有突出的能力或优秀的品质，并且乐于服务乡梓，凭其个人魅力，赢得乡亲们的认可与敬重。此处仅以近代以来因其自身的品质而受乡里敬重，并在北山具有一定影响力的几位知名人士为北山乡贤的代表。

/ 儒者李国梁 /

李国梁，字栋臣，家住北山街。他生于 1900 年，经历了 20 世纪前 70 年发生的诸多巨变。

“李国梁一字不晓，邱有福满肚文章。孟华妈高如万丈，殿养妈矮比水缸。”这个流传在北山街的顺口溜，讲的都是北山街比较有特点的人物，而它之所以在当地流传开来，在于它有正话反说之异趣：李国梁并非一字不晓，相反，他才是“满肚文章”之人。

李国梁毕业于广西柳庆师范学校，一生注重传承儒家尊师重教的传统，曾于民国年间在私塾教书，后为北山小学第一任校长。李国梁在北山小学推行广西柳庆师范学校的教育理念，主张适应社会需要，反对传统的关门教育，倡导教育要切合民众生活，要为指导实际服务，其所教授的课程，既有传统的四书五经，也有现代论说文范，还有历史、地理、算术等科，其中算术一科中的珠算因对经商有实际帮助而最受北山人欢迎。

儒家主张“诗言志”，认为“诗者，志之所之也。在心为志，发言为诗”，希望通过诗歌实现“经夫妇，成孝敬，厚人伦，美教化，移风俗”。作为传统教育培养的儒者，李国梁也非常重视诗词创作，认为“诗为抒怀之短章，表情之工具，其写作不外乎写情写景写真言志寓意诸类”。

李国梁著有诗集《春梦录》，其中《咏北山八景》组诗首次以诗歌的形式歌咏北山街附近殿皇山等八处景观。诗集中的其他作品也各具特点。如《咏史百首》组诗是诗人借诗歌对历史人物和事件提出自己的见解，传承了儒家重视历史的传统，组诗中《舜帝》一诗道：“父既顽兮母且嚣，事亲无间孝真纯。不嫌象傲同忧喜，为忧尧思苦梦萦。浚井蹈跪无怨意，操琴解愠试歌熏。常捋敝屣观天下，不重江山重顺亲。”《张飞》一诗云:“桃园生死共同盟,雁序排来齿独轻。计赚严颜非笨伯,义扶玄德显忠贞。秭归有意欺公瑾,长坂无心唬魏兵。独惜急仇身枉丧,也应遗恨对荆城。”又如《训子诗》组诗,表达的是父辈对儿孙的期望和“恨铁不成钢”的心态:“曾记当年襁褓时,爱儿不啻掌中珠。提携把抱何辞苦,望汝成人早读书。”“留心培汝胜培花,怎奈吾儿懒似蛇。三代书香从汝断,休将先祖向人夸。”“道在书中不强求,汝心偏喜学俳优。舞台表演中何用,几见优伶占上游。”“汝心非喜恋围棋,搔首寻思忌太痴。若把此心移向学,何愁不与圣贤齐。”*

* 有趣的是,李国梁虽然认为戏剧表演于社会无用而不赞成其子学戏,但其本人后来也参与戏剧创作,并于1956年参加宜山业余剧作者训练班,创作了新编古装剧《桃源洞》。

李国梁不但身体力行地创作诗词,还积极推动北山一带的诗词创作,以诗会友,郊游吟唱,带动韦矩奎等亲友以诗词抒发情感,为梁佩南等友人的诗集作序,这些都体现了其对诗歌创作之热爱与推崇。

李国梁是一位极富正义感的知识分子。在北山区政府保卫战中,他同情并支持都宜忻游击队的行动——宜山解放后不久发生了土匪暴动,第五区区长韦家勤率领的区中队被土匪围困在北山小学,缺粮无水,李国梁打通自家墙壁向受困的区中队提供水和米。

儒家倡导不能为良相则为良医,李国梁在教书创作之余兼及行医，是北山一带有名的中医，新中国成立后亦曾参加政府组织的北山联合诊所。

1973 年，李国梁因故逝世。北山儒者离别了父老乡亲，离开了养育他的故乡北山。

/ 勇者祝平 /

1944 年 11 月 14 日夜间，日军 116 联队在洛东、洛西一带突破防御，进入宜山县城，而后，宜山全境沦陷近 7 个月。其间，200 余名日军一度入侵北山一带。彼时，为求生，北山街民众大多向大宿一带山区躲藏，北山人习惯将这一时期称为“走鬼子”。

也正是在“走鬼子”的这段时间，以祝平为代表的北山勇者出现了。

祝平幼年读过私塾，抗日战争爆发前在宜山模范小学当过老师。其时，祝家为防范盗匪购有一些枪支。日军入侵北山的时候，祝平就带领家族成员从北山街躲到北山山地商贸圈中“四十八峒”一带。当日军首次向“四十八峒”扫荡时，祝平带领家族中的青壮年利用山区的有利地形，成功阻击日军进犯。当时，沦陷区一些百姓不堪日军暴虐，自发组织抗日武装，称抗日自卫队。1945 年 4 月下旬，祝平与拉烈抗日自卫队取得联系，在日军从北牙经九渡向拉烈进犯时，带领族人与拉烈自卫队共同阻击并击退日军。抗战胜利后，祝平当选国民党宜山县直属40区分部执行委员会第一届执委。

除了祝平，能称作北山勇者的还有面对敌人威胁勇敢保护同胞的蓝邦义，以及在战场上抵御外敌的谢景安、祝纯、祝秉纪、王应祥、李定家等。面对外敌，他们挺身而出，体现了桂西北山地人民威武彪悍的精神。此外，梁佩南、蒋胜兰等人也曾以创作诗歌、彩调剧等形式参与北山抗日救亡的行动。

/ 佛者唐姑妈 /

唐姑妈俗名唐玉缘，是北山白云寺的尼姑。白云寺建于北山街东南面的大岩之中，是一座有一定历史的尼姑庵，其壁上刻有“由汉而来”四个字，应该是指佛教东传的时间。据说白云寺也有香火兴盛的时期——上白云寺要经过三重门，登一百多级青石板砌成的台阶，才能进入大雄宝殿。大雄宝殿飞檐上的两条巨龙雕工精细、活灵活现，殿内佛像栩栩如生，其中的魁星神像尤为神奇，双目炯炯有神，在神像前，似乎无论站在何处，都能感受到他智慧而犀利的目光。

20世纪50年代的“破除迷信”运动也波及白云寺，

佛像等被砸烂在地，大雄宝殿变成了北山中心小学的教学点，砖头瓦片、横梁桁条和砌台阶的青石板被拿去建造北山粮站，女尼也被动员还俗。唯有唐姑妈坚守于白云寺，靠在圩市卖针线制品度日。那时的圩市很不规律，有时三天一圩，有时则五天、七天、十天不等，甚至一个月不赶一次圩。尽管生活来源极不稳定，但唐姑妈仍心怀念想，安然度日，直到耄耋之年圆寂。

唐姑妈以八十一高寿圆寂，安葬于白云寺下，后人为她立碑，碑文高度概括了她的一生："（姨婆）出自都安甘棠明仟公长女，幼娴宗训，长适异乡……四十乃入空门，素守于北山白云寺，待人和睦义方，得北山耆孺以姑妈称之，以五粮食之。有请其下山者，姑坚辞而团坐。善终。诚巾帼中殊异人也。"墓有对联："北极光辉临斯地；山川灵气慰英魂。"一名普通女子，能顶着各种压力坚持信念一生，令人敬佩。她因此获得北山人的敬重。

/ 仁者蓝绍光 /

蓝绍光是北山街人，其妻在当时的北山大队第九生产队务农。两人无生育，就接了一个亲戚的女儿来养。

1957 年冬，政府在北山一带修建香梅水库、天堂水库，以扩大库容，增加灌溉面积，促进生产。1958 年 9 月，天堂水库建成，库址在今北山镇板敢村，总库容 750 万立方米，控制流域面积 8 平方千米，用于防洪、灌溉，是一座堵塞岩洞型山丘水库。因该水库雨季水不溢出，旱季水不退落，蓄水灌溉条件好，人们称之为天堂水库。天堂水库离北山街不远，当年北山街不少民众参与了天堂水库的修建，后来也有人参与水库的管理工作，蓝绍光就是其中之一。

蓝绍光在天堂水库管理所工作，负责水库的护理和灌溉工作。1970 年夏季的一天，蓝绍光正按惯例在库区查看是否存在险情，突遭暴雨，山洪暴发。当时，蓝绍光来不及躲避就被卷入水底，不知去向。有关领导组织人员搜寻，却数日不见踪影。大家都以为蓝绍光已经以身殉职，谁料半个月后蓝绍光竟拖着疲惫的身子出现在大家面前。原来，蓝绍光被洪水卷走后，凭一身好水性游至安全处并爬上水库中的一个岩洞里，靠喝生水、吃生鱼维系生命，直到洪水退了才从岩洞中爬出来。

蓝绍光在鬼门关前走了一遭之事，领导及时上报，县广播站也第一时间报道，引起了轰动，广西日报社还派出记者前来采访，不过由于种种原因，典型报道最终没做成。那之后，蓝绍光依旧在天堂水库勤恳工作。

蓝绍光退休后，始终放不下水库。当时已经分田到户，天堂水库灌溉的水渠“天堂沟”被民众填满了泥，用来种甘蔗或黄豆了，天堂水库的水再也没能流到北山来。虽然已无水可管，但蓝绍光依然像上班一样每天早出晚归去查看那些“水渠”。他常坐在残存的水渠边发呆，有时还喃喃自语，叹息养育北山多年的天堂水库竟成了这般模样……就这样，蓝绍光一直在天堂沟巡查，直到八十多岁逝世。

蓝绍光是一个实实在在做事的人，他心中一直装着天堂水库，一直惦记着家乡的山山水水，堪称北山的仁者。

/ 智者李定家 /

李定家是北山车缝社的裁缝，和我的外公、叔外公是同事，我也就有机会经常与他接触。

李定家上过黄埔军校，抗战时期为国民党军队上校，曾经率部抗击日军，写有一本战地日记*。抗战胜利后，他退伍回乡做小学教师。宜山解放后，他改以裁缝为生。“文革”期间，曾是国民党军官的经历给李定家带来了一些麻烦。不过由于其本人细心，加之对局势有所判断，早把包括那本战地日记在内的有可能引起麻烦的物件妥善处理，只留了几张新中国成立后他主动向人民政府上缴手枪的收据，故最终未造成太大的影响。

过去，北山一带的年轻人中知晓李定家当过国

* 据说这本战地日记记录了这样一件事：有一个被俘虏的日本军官写了一张纸条问“有鸡卵否”，说他想吃。日记中夹有该军官的妻子身穿裙子、脚踩木屐，挥手送他出征的照片。该军官还请李定家在战争结束后设法转告他的家人：“照片上的人已印在他心里，而他已在天堂里了。”

民党军队上校的人不太多，认为李定家是北山最好的裁缝的人就比较多了。李定家擅长根据每个顾客的身材来裁剪服装，故而他做的衣服穿起来非常合体，尤其扎腰部分很好看，极受十里八村的年轻人欢迎。因手艺出众，他一年四季接活不断，过年前更是忙得不亦乐乎。

除了有一手好的裁缝手艺，李定家还弹得一手好扬琴，闲暇时常与北山其他文场爱好者一起在家门口弹唱，自娱自乐。此外，李定家在裁缝之余喜欢钓鱼。到了耄耋之年，李定家还能与年轻人喝酒并猜上几码。

改革开放之后，李定家倡议过重阳节，得到了北山几十位老人的积极响应，老人们以“打平伙”（类似于 AA 制）的形式在李先生家里聚餐，成为当时北山首批欢度重阳的长者。农历九月初九被定为“老人节”“敬老节”之后，他们更是年年欢庆，乐此不疲。

李定家还写得一手好字。在李定家率部驻扎过的融安一带，不少家庭至今仍保留着李定家当年为他们书写的颇有柳体风骨的香火牌。回到北山谋生后，李定家也时常应邀为乡亲们挥毫，当时北山街的老人都希望自己过世后能够请到李定家来写碑文。北山西头尾的韦远扬在世时就曾对李定家说：“李老师呀，我死后麻烦你给我写碑记。我就喜欢你的字！”后来韦远扬过世，李定家含泪为他写了碑记。

李定家有报效国家之志，怀抗敌之勇，也有急流勇退之决断，多才多艺且热心服务乡梓，横遭冲击亦能持平和心态，眼界宽、格局大，审时度势，主动适应时代变迁，非一般人所能及，实乃北山智者。

/ 道者唐宝辉 /

家住北山街的唐宝辉出生于道公世家 *。20 世纪 50 年代，唐宝辉在北山联合诊所工作；“大跃进”后至“文革”前，他开办私人诊所，诊治患者。计划经济时代，北山街因为不是公社所在地，故没有设立国有医院，只有一个大队卫生室，以行医谋生的就只有唐宝辉，因此北山一带的人都尊称他为唐医师。

唐宝辉行医，坚持的是中西医结合。不过直到后来我才知晓，所谓中西医结合仅仅是一个表象，从根本上来说，唐宝辉行医依照的还是中国传统的“巫医合一”，或者可以说是“以道入医”。“文革”结束后，国家政治逐渐恢复清明，民间习俗也慢慢恢复。也正是从这个时候开始，北山更多的人才得知唐宝辉医生之外的另一重身份——道公。

唐宝辉不但正式受过戒，而且还有比较高的辈分，因而在北山一带的道公圈子中有较高的威望。改革开放后，在继续行医服务乡梓的同时，唐宝辉

* 道教文化曾被视为封建迷信，后来人们认识到实则不然，至今已有不少与道教文化有关联的文化事象列入国家级非物质文化遗产代表性项目名录。在北山山地商贸圈中，道教文化发挥着极为重要的作用，如通过传统的仪式帮助过世老人安顿灵魂，减轻主家的心理压力。

开始利用自己在道公方面的资源，在北山街有人过世时帮助主家协调、指导与道公有关的事宜。

后来，唐宝辉就以双重身份——医生与道者为北山人所熟知。在北山街，拥有这样身份的人唯有唐宝辉。

/ 师者方金 /

北山的老师不少，其中热心于服务乡梓如方金老师者尤其让人敬佩。

方金老师住在北山街街中间与街西头的接合部，其时属于北山大队第六生产队，其妻就在第六生产队务农。方金老师 20 世纪 50 年代后期就读于北牙中学，毕业后因成绩优异分配到庆远一小任教，后因国家政策下放到北山六队，赶过马车，做过北山农中老师，后来又到北山小学做民办教师。

我读小学的时候，方金老师就已经在北山小学任教了。那个时候北山小学是办有初中部的，方金老师因水平出众，负责上初中部的语文课。1973 年，我们班除了有几名同学到石别中学读初中，其他同学都留在北山小学读初中，恰好是方金老师上我们班的语文课。

方金老师上课确实有水平，分析课文头头是道，能够吸引学生的注意力。更值得称道的是，在上课之余，他还会引导学生读一些课外书。记得他非常推崇《红楼梦》一书，引清人得舆的《京都竹枝词》，说“开谈不说《红楼梦》，读尽诗书也枉然”。在那样的年代，方金老师引导学生读课外书，实属不易。

那个时代，与其说是没有升学的压力，不如说是没有走出去的动力。对很多人来说，学习也就是走过场而已。当时实行所谓的开门办学，除了请工农兵走上讲台，学校还得组织师生走出校门开展劳动，到工厂、农村、部队、商店等“大课堂”去学习、办学。北山小学在校园内外都有供师生劳动的土地。校内的土地不多，主要用于种植蔬菜；校外的土地有些远，在独山村口，用于种植黄麻、甘蔗。方金老师是我们的班主任，因此由他带领我们外出开展劳动。最辛苦的活是捶打清洗收割后浸入水塘的外皮已经腐烂的黄麻。读七年级的时候，方金老师让我们班养两只鹅，毕业时宰鹅煮粥，师生一同聚餐。

改革开放后，随着相关政策的推行与落实，方金老师从民办教师转为公办教师，教书的学校则从北山小学改到了龙安小学，最后又因能力出众调到北山中学任教。

在完成本职工作的同时，方金老师还热心于北山街上的事务。1977 年开始恢复文艺活动时，北山文艺队排演彩调剧《刘三姐》，方金老师不但热心负责组织工作，还亲自上阵扮演陶秀才，演出效果特别好。

方金老师最为人称道的是传承了北山街“死爷死娘众

人扛”的传统，在北山街有丧事时积极发挥其擅于组织的能力，主动协调安排，帮助主家妥善处理仪式中的各种事宜。

方金老师不但在课堂上传授知识，还能够以身作则，身体力行地传承文化传统，实乃北山师者。

传统社会结构的解体，似乎让乡贤失去了生存的土壤和发展的空间，让我们难以再拥有传统意义上的乡贤。但无论如何，北山人都不应忘记，这里曾涌现出乐于服务乡梓的乡贤。或许将来有一天，能够教化民间、引领民众、服务乡梓的贤者会再次出现在北山的乡村生活之中。

生态·商贸·熟人社会

▼水绕山环碧万重，纵横山水兴无穷。山光移翠来波面，枫色分丹入水中。宿雨敲潭鸣玉佩，岩泉滴石作玲珑。溪村散处斜阳外，缕缕炊烟出树丛。

北山岩溶生态圈

北山岩溶生态圈大致包括宜州区北山镇全域，北牙瑶族乡白龙村、红山村、桥邓村、沙浪村，石别镇屯蒙村，福龙瑶族乡龙拱村、京口村、定满村，以及都安瑶族自治县加贵乡大宿村、塘怀村、金满村、板磨村，拉仁镇索潭村。这一区域地处稍北于北回归线的低纬度地带，气温高，热量充足，降水量充沛，属亚热带季风气候区。

/ 北山岩溶生态圈的峒场 /

从自然地理的角度看，北山岩溶生态圈处在凤凰山脉余脉与都阳山脉余脉之间的断裂带，北部、西部、南部都是青峦叠翠的石灰岩山峰，唯有东面有一由平地构成的缺口。整个山区都是喀斯特地貌，在喀斯特地貌的千山万崋之中又形成了无数大大小小的峒（崋）场。这些峒（崋）场成为壮族、汉族、瑶族、仫佬族、毛南族等多民族民众千百年来的栖居之地。人们常将这些峒（峁）场泛称为“四十八峒”。*

具体来说，北山岩溶生态圈的“四十八峒”有两层含义，一是地理上的区域，二是具体的村屯。需要说明的是，除了“峒”，人们还会用近音字“峁”“弄”和“龙”来称一些地方。

在北山岩溶生态圈，地理概念的“四十八峒”有场峒、老峒、响水峒、石加峒等26个峒场。就具体村屯而言，明确以“峒（峁、弄、龙）”来命名的有63个，其中以“峒”命名的有竹峒、大峒、水峒、可峒、甘峒等30个，以“峁”命名的有峁莫屯、峁君屯、峁坤屯、峁海屯等10个，以“弄”命名的有弄腊屯、弄稳屯、弄模屯、弄外屯、弄内屯等16个，以“龙”命名的有龙保屯、龙脉屯、龙的屯、龙江屯等7个。

正是这些散布于北山街四周（主要分布于北山街南部和西部）的峒场、村屯，形成了北山岩溶生态圈，成为北山山地商贸圈的腹地，使北山街成为山地圩市。

* 北山岩溶生态圈“四十八峒”中的“四十八”并不实指具体的数量，仅表示很多。因为“四十八峒”主要分布于北山岩溶生态圈的西部和南部偏远山区，所以北山街的大人吓唬小孩时常常会说“不听话就卖你去‘四十八峒’”。

从空中看处在山口平地处的北山街，山间路从“四十八峒”流淌而下，人们沿着这些山路带着各自的商品和本民族的文化汇聚于此，共同将这一“山口”建设成为山地圩市　罗想平 / 摄

/ 北山岩溶生态圈的山 /

北山岩溶生态圈地处喀斯特地貌区，岩石裂隙发育，落水洞、天窗、漏斗等较多，地上蓄水条件差，故虽然降水量丰沛，但大部分降水都往地下渗漏，地表水系发育程度低，地下水埋藏深，多为峰丛洼地。

北山街的得名源自其山口地形，但总归还是与北山顶有关。按照传统观念，北山顶算得上是北山街的“后龙山”，不得采伐其上林木，无论燃料多么短缺，任何人都不能到北山顶上打柴。李国梁先生作有《镇南峰》一诗，诗中首先叙述了其攀缘北山顶的经过：“附葛攀藤上翠微，为求胜迹苦寻追。将临松涧行偏健，小憩榕桥倦欲归。”然后借景抒情：“对景高歌天地阔，凭崖俯视万山卑。怡情最是林深处，几树孤云野鹤回。”*

*当年我们自是不知晓李国梁作有该诗，就是知晓，那个年纪也读不懂。不过，年少的我们倒也像诗中所说的那样，“附葛攀藤上翠微，为求胜迹苦寻追”，多次攀缘北山顶。

如今北山顶依旧郁郁葱葱，成为北山街的标识，政府还在北山顶脚建起了纪念都宜忻游击队的北山公园。北山人在此怀念革命烈士，也拥有了锻炼身体的好去处：可以顺着北山公园的步道慢走，也可以在灯光球场上打篮球、跳广场舞。

北山顶后面是一座高大挺拔的山峰，因其高耸的山脊上有一块神似母亲背着婴儿向前跋涉的石头而被称为背仔山。北山当地的民间传说将它与山地圩市相关联：人们说那是一位母亲不辞辛苦背着孩子从“四十八峒”来赶北山圩。后来我研究壮族文化，才渐渐明了背仔山之名可能不仅仅是这样的寓意，也许还同壮族民间传说妈勒访天边有关——

相传在古代，人们看到天像锅盖一样盖着地面，以为天一定是有边的，就决定选派人去寻找天边。老人们说自己年纪大了，做不了多少事情了，还是他们去找天边比较合适。年轻人说自己年轻力壮，什么困难也吓不倒，应该去找天边。小孩子说他们年纪小，有足够的时间去寻找遥远的天边。这时有一个青年孕妇站起来说她去最恰当，因为她年纪尚轻可以走很长的路，如果她走不完，她的孩子还可以继续走。于是大家就同意由她去找天边。这个孕妇向东一直走去。后来，她生下一个男孩，于是背着孩子继续走。母子俩走过千山万水，历尽千辛万苦。母亲老了走不动了，就让儿子自己继续前进。儿子满怀信心地继续向东走去，他要走完母亲没有走完的路。

或许正是受这一民间传说所体现的壮族先民坚韧不拔的进取精神的启发，北山人将山的形象与故事中勇敢“访天边”的壮族母亲形象相结合，以“背仔”为其命名，说不定北山也是母子二人寻找天边的途经之处呢。

大岩坐落在北山街东南面，距北山顶不远，因其山上有一个巨大的岩洞而得名。在北山，人们也会以白云寺或白云岩来称大岩。“白云寺”最初确实是寺庙名，指一座建在那个大岩洞中的寺庙，而非那座带有岩洞的山。后来，在特殊的历史时期，白云寺被毁，北山街的老人，特别是一些雅士，或许是出于怀念之意，就也用白云寺或白云岩来指称大岩。李国梁《咏北山八景》中就有一首《白云岩（白云寺）》：

振衣直上白云间，万物纷陈逐一观。
有兽形容岩石巧，砭人毛骨井泉寒。
茶余野老谈逸事，诗就沙弥唤午餐。
为爱山家归便晚，钟声一路送人还。

李先生应该知晓这座山名作大岩，但他是北山的雅士，入诗时当然不会采用这座山的俗名，而是采用其雅名白云岩或白云寺。

大岩具有典型的喀斯特地貌特征。除了因之得名的那个硕大的岩洞，此山基本是中空的，其间分布着大大小小的溶洞。那些溶洞或相通或不相通，构成了一座地下迷宫，吸引了无数北山少年前往探索。

大岩旁的那座山叫陆怀春。我们不清楚其名字的来源，但都知道陆怀春与大岩只隔着一个山坳。神奇的是山坳之下有狭窄的溶洞连通两山，曾有人通过溶洞从大岩爬到陆怀春。

大岩和陆怀春　吴继春／摄

曾经有一些去爬大岩和陆怀春的人在山洞中找到银圆和子弹。相传抗日战争“走鬼子”期间，宜州银行曾经利用大岩躲藏过一段时间，这些物资或许就是当时遗留下来的。老人们也说当年确实有土匪利用陆怀春的险峻地势在那里盘踞了一段时间。

朝大岩的对面眺望就能看到殿皇山。殿皇山也叫殿王山，李国梁《咏北山八景》组诗的第一首即《殿王山》：

翠耸苍横接九重，登临方识此山雄。
恨无故殿追陈迹，谁隐高岗作卧龙。
嶙石千寻堪入画，清溪半曲可浇胸。
此间虽未夸名胜，也称北山第一峰。

殿皇山海拔 692.6 米，从高度上来说确实称得上“北山第一峰”。殿皇山不但高，体量也比较大，是北山一带罕见的土石结合的大山，极似桂林尧山。极为难得的是，其半山腰有一口清泉，上山劳作的人们可以不用带水上山。

殿皇山与北山人最密切的关联就是它能够提供做燃料的黄花草和盖茅屋的屋草。但殿皇山的山势较为陡峭，上山已不易，挑着重担下山更是颇具挑战，所以一般人都不太敢上殿皇山打柴。

相较于上下山的山势，殿皇山山顶相对宽广平坦，还积累了许多土壤，这使得殿皇山留有更多人迹。殿皇山上留有一段土墙，说明曾经有人在山上居住。20 世纪 60 年代，我们第五生产队也曾经上殿皇山开荒耕作。

殿皇山下有一林场，北山人称之为山垭林场。山垭林场分为里外两个林场，共有三四百亩，种的全是松树，大的胸径可达 100 多厘米。夏秋时节，躺在林地上，听着阵阵松涛，无比惬意。山垭林场还说得上是北山人的草料场，每到周末，北山街的孩子们就成群结队地到山垭林场刮松毛、打松果、找野果。可惜的是，20 世纪 90 年代，山垭林场和宜州许多林场一样承包给了个人，林木被砍了个精光，林场也变成了甘蔗地。

历史上发生于殿皇山附近的“北山事件”更是令人痛心。桂西北人民解放军第五团第一、四、六大队在从宜山九渡向加（仁）马（泗）根据地转移途中，于 1949 年 9

月 1 日过北山安宁村时遭遇敌人阻击，激战竟日，夜抵殿皇山时，又被敌人袭击。团政委莫江白率部分战士登山据守。3 日，弹尽粮绝，莫江白被俘，后在殿皇山脚英勇就义。这次突围，桂西北人民解放军第五团牺牲 25 人，被俘 31 人，队伍遭受重挫。

在“北山事件”发生地安宁村有一座奇特的山峰：孤峰拔地而起，险峻难以攀缘。因极似乡村妇女洗衣服用的棒槌，故得名棒槌山。

轿山也是北山较为奇特的山峰。轿山位于北山街南面，高耸于群峰，远远望去，仿佛一副官轿屹立山头，故得此名。遥望轿山，官轿的银顶、皂色盖帏和抬轿的竹杠似都可见。但如果走近看，官轿却越近越模糊，直至渐渐消失。北山的老辈人由此认为北山人在近处是做不了官的，只有越走越远，官才能越做越大。

从更大的范围来看，北山这一山口之地还有三座独立的大山值得关注，分别是大八仙山、小八仙山和独山。大八仙山和小八仙山均位于北山东面的入口处，独山则深藏于北山山口的西部，三座山构成了一个三角形。

从大八仙山与小八仙山的山名可见中原文化在北山地区的传播与影响。另外，山上的一些石刻也体现了这一点。“靖远山上有丹峰，神居丹峰第一重。占凶占吉求卦应，行云行雨岂无功。千年香火留遗迹，百越良民用敬崇。我今题诗拜寺下，八仙清气满空中。”这首刻于大八仙山上的诗作，较为清晰地呈现出道教文化，尤其是八仙文化在北山山地商贸圈的影响。而刻于大八仙山的另一首诗作则将佛教与中华文化中的八仙相联系，显示了佛教的中国化，也可见大八仙山的特殊文化意蕴："菩萨居其所，云深炉火红。善才慈意重，龙女恤心同。国泰法轮转，民安佛自从。八仙飘过海，仍恋在岩中。"

大八仙山更大的历史影响则与明正统六年（1441年）庆远一带历时五十多年的农民起义有关。当时，大八仙山是明军镇压起义的驻扎地，其崖壁多处留有当时将领的记事石刻及诗歌题字，其中"靖远峰"三字高250厘米，宽100厘米，单字字径70厘米，为率兵镇压的时任广西按察使司副使胡智所题，一旁还有胡智的题诗并记："正统乙丑冬，总戎安远侯柳公率师征讨庆远等处蛮寇，驻节八仙堡。群山环绕，中有一山屹然□□。时总戎偕参将田公暨武大参与予登览其上，总戎命予名之，因题曰靖远峰。偶成一绝，以纪其事云：节旄遥驻八仙山，十万貔貅奏凯还。中有高峰陪一上，却疑人在九霄间。"北山诗人梁佩南也作有《游靖远峰》一诗："偶然拾级跋丹峰，四壁林幽一洞空。山老何曾湮古迹，云深料得阮仙踪。今存故籍联宗谱，恪守遗经绍祖风。胜地春秋团聚族，永垂不朽汉郇公。"如今，大八仙摩崖石刻已是自治区级文物保护单位。

北山山地商贸圈这些具有代表性的山，北山顶是北山街的标识，背仔山其名其传说或与壮族文化紧密相关，大

大八仙山石刻　吴才胜／摄

岩最具人文意义，殿皇山有红色文化意蕴，大八仙山则涉及中原文化传播、土司及相关战争，在地貌上同小八仙山和独山构成了北山山地商贸圈的“三足鼎立”之势。

/ 北山岩溶生态圈的饮水 /

北山岩溶生态圈季风气候特征明显，四季分明，春季干旱少雨，夏季炎热多雨，秋季温和凉爽，冬季寒冷少雪。最冷月为 1 月。年平均降水量 1400 毫米，降水量大但时空分布不均，降水集中在每年 5—8 月。此外，还有旱涝灾害频繁、山区日照时间偏少、常有冰雹灾害等现象。

北山岩溶生态圈缺水严重，区域内只有一条万伍河，流域面积仅 0.3 平方千米，且位于北山岩溶生态圈的边缘。在缺水的北山岩溶生态圈，北山街缺水更是出了名的。旧时曾有山歌唱道：“有女不嫁北山圩，北山挑水上楼梯。一年四季吃不饱，红薯芋头来充饥。”

北山街缺水问题在冬季最为突出，尤其是过年前后。于是，冬至过后到次年三月雨季来临之前的这一段时间，北山街主要是靠“楞水”，也就是天窗内的水来解决饮水问题。“楞”为壮语音译，深水潭之意，即喀斯特地貌区连通地下河的天窗。过去，底下楞、楞尧和后尾楞是北山人挑楞水的主要地点。

底下楞上口大下口小，位于北山街西北部，在北山小学旁边，因属于北山街的底下位置而得名。雨季的时候水涨起来，整个水面有三百余平方米，楞水自然流出地面；旱季的时候水位降至最低点，水面不过三平方米，且大部分是淤泥，只有几处细小的泉眼有水渗出，需要很有耐心地一瓢瓢舀水。* 如此一来，全街人家就需要拿水桶去挨个儿取水，一天下来，每户人家能分到一两担水就很不错了。更要命的是，从底下楞的底部上到平地，要走一百多级陡峭的石阶，一般人空手走上来已倍感不易，更不要说还要挑着五六十斤重的水上来。因此，说北山“挑水上楼梯”，是对过去北山街住民生活非常真实的写照。**

* 当年北山街绝大多数人家要到底下楞挑水。我家附近十来户街坊基本是从我家穿过到底下楞挑水回家的，我家成了乡亲们挑水的通道，因此我家的大门和后门白天基本上是敞开的，而我家从后门到大门的地面，也因此而总是湿漉漉的。

** 缺水也促进了北山街“一家有难，全街帮忙”精神的形成，尤其是在发生火灾的时候，这一精神体现得淋漓尽致。旧时北山街大多是茅草屋，火灾时有发生，秋冬两季尤甚。遇到火灾，无论是街西头、街东头，还是高头村、闸门外，男女老少都会提着水桶、拿着脸盆，装着自家的水朝起火的地方跑去。

去底下楞挑水耗时费力，有劳动力的人家通常是到三四里之外楞尧山下的楞尧去挑水。楞尧是壮语地名，“楞”指深水潭，“尧”指虾，因山脚有个深水潭且潭中有虾而得名。旱季的时候，虽然楞尧的水位会随着地下河水位的下降而下降，通常已经不再有水流出，但其水量还是足以满足北山街的饮水需求的。因此每到旱季，北山街与楞尧之间，挑着水桶的人同样络绎不绝，反倒成了北山一道令人哭笑不得的“风景线”。到了雨季，楞尧的水位则会随着地下河水位的上升而上升，水源源不断地流出，特别是夏季来临时，楞尧还会变成北山青少年难得的乐园——北山一带唯一的天然深水游泳池。

为了解决北山街的饮水困难问题，1972 年初，广西水文工程地质队派员来到北山帮助勘探地下水源。同年 10 月 8 日下午 4 时，广西水文工程地质队在北山街南边打井打出了地下水。*这口井后来扩建成了饮用水池，也像底下楞那样有台阶下去，只不过没有那么深，仅数十级台阶，人们叫它后尾楞。到了旱季，后尾楞的水也像底下楞那样基本消失。20 世纪 90 年代中期，后尾楞一带被规划为乡镇的经济开发区，后尾楞被填平，成了北山新街。

* 《人民画报》1973年第2期的专题《深入洞穴找水源》记录了20世纪70年代初广西水文工程地质队派出找水组到都安、宜山、忻城一带探测水情、兴修水利，缓解桂西北大石山区旱涝面貌的经过。

旱季时，北山街除了饮水困难，洗衣服也成为一大问题，大家不得不把衣服挑到三四里外的排峒楞去洗。排峒楞在塘利村附近，也是一个大溶洞，据说那座山都是空的。因山这边的排峒楞与山那边的塘利楞相通，故人们也常常称之为塘利楞。排峒楞的水硝石味道过重，不适合饮用。雨季时，排峒楞有地下水流出，可以灌溉一些田地；旱季时，虽然不再有地下水流出来，但排峒楞水位下降不多，还是可用于洗衣服的。

李国梁《咏北山八景》有《化龙潭（塘利楞）》一诗："水绕山环碧万重，纵横山水兴无穷。山光移翠来波面，枫色分丹入水中。宿雨敲潭鸣玉佩，岩泉滴石作玲珑。溪村散处斜阳外，缕缕炊烟出树丛。”李国梁先生将诗名定为“化龙潭”，应与北山一带的传说有关——

相传很久以前，有一对老年夫妻，为人善良，但膝下无儿无女，只夫妻二人在塘利椤旁结庐而居，自食其力。一天在山间小路上，老人发现一条奄奄一息的草花蛇，不知为何尾巴被折断了，似两眼含泪般正可怜巴巴地望着他们。夫妻俩急忙把它抱在怀里，赶回家去，为它疗伤。经过一段时间的疗养，草花蛇痊愈了，行动自如，没有什么大碍。突然有一天，草花蛇现了原形，原来它是一条俊俏但秃尾的龙。秃尾龙告诉老人，它是龙王三太子，因为迷恋北山的山山水水，才变成草花蛇来此游玩，不幸被人误伤。自此以后，老人成了秃尾龙的再生父母，由它养老送终。老人过世以后变成了两座山，如今还屹立在塘利村长相厮守。年年清明，秃尾龙都会回来扫墓，尽一份孝心。于是，人们也跟着秃尾龙做起清明来，祭祀故去的亲人。*

* 巧的是，每年清明节前一周，北山入夜后总会连续刮大风，电闪雷鸣，有时还会下大雨或冰雹。这时候老辈人就会念叨：“秃尾龙回来做清明了，我们也应该做准备啦。”

雨季时，北山街的民众也会到七合泵去挑水、洗衣。七合泵在陆怀春的另一边，距北山街也是三四里地，有山泉自然涌出。旧时乡亲们用青石条把七合泵围成宽约数米、深有丈余的葫芦形水池，池水清澈，池面平静如镜，可见鱼游水底，孩童可以游泳嬉戏。李国梁《咏北山八景》组诗有专门吟咏七合泵的《绿野清溪（七合泵）》："溪回峰转水潺潺，风景无边任饱看。漱石有泉轻作浪，临春无岫不呈岚。台矶人寂鱼吞绿，野径风微燕掠蓝。胜景果然堪入画，休夸昔日子陵滩。" *

七合泵的"泵"与"楞"一样都是喀斯特地貌的产物。二者的区别在于，楞在旱季时虽然通常不再有地下水流出，但也只是水位下降了，深处依然有水；泵则是在雨季有地下水流出，但到了旱季就会干涸，直到第二年雨季地下水才重新流出来。在雨季时，除了前述的几个楞和七合泵，北山顶脚下的中间泵、下龙六的猪笼泵（因形似猪笼而得名）以及上龙六的雷公泵也是北山街民众挑水洗衣的去处。

雷公泵的名字源于其神奇之处——过年后，一旦出现雷鸣，此处很快就会有泉水流出。沿雷公泵往上走不远就是大泵洞，曾被归为北山八景之一。

20 世纪 70 年代末，在柳州地委工作的北山人罗秀琼为解决家乡饮水难题，带来水文地质专家到北山找水源。专家在北山街附近转了十多天，最后确定在大岩背打井建立抽水站。自此，北山街人轮流从大岩背和楞尧抽水，用上了自来水，基本解决了用水问题。

* 20世纪50年代，北山人"土法上马"，把七合泵建成了一个小型水库。20世纪60年代，北山大队革委会决定加高七合泵大坝以扩大灌溉面积，没料到第二年雨季发大水把大坝冲垮了。近年，北山街有人牵头筹款，把七合泵建成了游泳池。

2024 年 11 月 22 日，广西桂西北治旱龙江河谷灌区工程开工，北山山地商贸圈大部分地区属于该工程的建设范围。工程建成后，北山一带的人饮灌溉问题将得到更好的解决。

北山山地商贸圈

/ 北山山地商贸圈的“十里八村” /

“十里八村”是一句常听到的俗语，指的是地理位置比较近、关系比较密切的村际空间。就山地商贸圈、乡村商贸圈而言，这个说法还是有几分道理的，至少“十里八村”就非常切合北山山地商贸圈的实际。

具体来说，北山山地商贸圈的“十里八村”可以分为几个层次来分析。首先需要明确的是，“十里”并非精确的距离，而是一个约数，表示大概的地理空间。在这个范围内，根据距离远近，特别是与圩市往来的密切程度，可以以北山街为核心，分为由相关村屯和乡镇构成的北山山地商贸圈的内环、中环、外环和外围。

/ 北山山地商贸圈的主要构成 /

北山山地商贸圈的核心

北山街是北山山地商贸圈的核心所在，东邻梅洞村，南接塘利村，西南连都安瑶族自治县加贵乡板磨村，西邻龙安村，北靠双塘村，居民主要是壮族、汉族、瑶族，通行壮话、桂柳话。

其实，北山山地商贸圈最初的核心是梅洞街。地方志记载，明弘治五年（1492 年），“析宜山县地设置永定长官司……全司辖区划分为五里：大显里、莫往里、端简里、洛富里、洛西里，二峒：东边峒、西边峒。端简里有一回龙圩（后称梅峒圩）”，由此可知明代早期北山一带只有回龙圩即梅峒（洞）圩，彼时北山街尚未出现。后来，随着北山一带圩市交易范围向南向西扩大，赶圩路途也一并延长。慢慢地，为了拥有更多的交易时间，北山山地商贸圈南部和西部的赶圩人先是不自觉地在北山顶附近歇息、交易，而后在这一歇息、交易处形成了北山街，最后，北山山地商贸圈的核心从梅洞街转移到了北山街。由地方志“清雍正七年（1729 年）设龙门巡检司，管辖北牙、北山二圩及四十二村”的记载可知，北山山地商贸圈的核心从梅峒（洞）圩转移到北山圩不迟于 1729 年。

对于这样基于赶圩路途远近变化而引起的商贸圈核心所在地的变换，当地民众则更多将之归于道家的风水文化。

在北山街的民间传说里，原先人们都是去到梅洞的回龙圩赶圩。“四十八峒”的群众翻山越岭来赶圩，感到路远难走很不方便，每每走到现在叫作“石街桥”的地方就在树荫下歇息，慢慢地，这里就形成了一个叫作龙和圩的圩场。一天，一个谙熟风水的道人对人们说，龙和圩正对面是白色石壁的大岩，犹如一只张开血盆大口的白虎扑来，很不吉利，要往前移动一段距离，在镇南峰前的北面建圩场才好。人们遵照道人的意思，到他指定的地点开圩。不久后，就如道人所言，此地三天一圩日，四面八方来赶圩的人很多，清晨就成圩，傍晚才散圩——这就是后来的北山街。

梅洞村也有类似的传说：有一天一个道人来到梅洞街，让梅洞街的人在街边挖一水塘以改变梅洞风水，消除不利因素。水塘挖成后，地下裸露出一头面向梅洞街的犀牛。第二天天刚亮，水塘突然发出哗哗的响声，人们赶到水塘时，那犀牛虽还在，却已将头扭转，从朝向梅洞街变为朝向后来的北山街。自此之后，因为不再有犀牛庇护，圩市的风水改变了，梅洞街开始失去商贸圈的中心地位，北山街则逐渐兴旺起来。

北山山地商贸圈内环

北山山地商贸圈内环由北山社区所辖的下龙六、上龙六、羊角、狮子山、楞尧和双塘村所辖的塘尾、平阳以及龙安村所辖的大崇共 8 个自然村屯构成，围绕着北山街在地理空间上呈一长方形。

北山山地商贸圈内环与北山街距离最近，历史上长期与北山街有密切的关联。下龙六、上龙六、羊角、狮子山、楞尧与北山街长期属于同一个行政区划，共同构成历史上的北山大队，其中下龙六为第一、第二生产队，上龙六为第三、第四生产队，北山街为第五到第十二生产队，羊角为第十三生产队，狮子山和楞尧为第十四生产队。

下龙六在北山街西北，以潘姓、盘姓、韦姓为主；上龙六位于北山街西南，以韦姓、卢姓、黄姓为主。下龙六、上龙六都聚居着壮族和汉族，均通行壮话、桂柳话。如今，随着社会的发展，通过新建住宅，下龙六、上龙六在地理上基本与北山街连成了一片，即将成为北山街新的组成部分。

羊角屯位于北山街东北，为壮族聚居区域，以骆姓、蓝姓、陆姓为主，通行壮话、桂柳话。随着北山中学的建设，羊角屯与北山街的距离更为接近了。

楞尧屯在北山街东南，居住着壮、汉、瑶等民族，以潘姓、韦姓、蓝姓为主，通行壮话、桂柳话。李国梁《咏北山八景》中有《溪村晚照（楞尧屯）》:“寂寂溪村傍水涯，绿云深处有人家。晴晖映水波横彩，晚照输红树作霞。境曲峰回人正倦，鸦鸣鹊噪日初斜。流连直到忘机处，赢得归途带月华。”过楞尧屯 500 米就是狮子山屯，同样主要是壮族、汉族居住，但以李姓、黄姓、蒋姓为主，也通行壮话、桂柳话。

大崇、塘尾、平阳虽不归北山社区管辖，但因距离不远，一直与北山街联系密切。大崇屯在北山街西北，居住着壮、瑶等民族，以潘姓、韦姓、唐姓、曾姓为主。塘尾、平阳位于北山街的东北部，是北山山地商贸圈内环中距离北山街最远的村屯。平阳屯居住着壮、汉等民族，以潘姓、韦姓为主。塘尾屯聚居着壮、汉、瑶等民族，以蓝姓为主。这三个屯都通行壮话、桂柳话。

北山山地商贸圈内环与北山岩溶生态圈中的北山顶、背仔山、陆怀春、大岩、楞尧山、羊角山、殿皇山、棒槌山、独山等山峰相依。

北山山地商贸圈中环

北山山地商贸圈中环由双塘村、梅洞村、怀道村、波串村、板敢村、塘利村、板磨村、金满村、龙安村 9 个行政村的全部自然村屯构成，地理空间上呈椭圆形。其中，双塘村、梅洞村、怀道村、波串村、板敢村、塘利村、龙安村属北山镇管辖，板磨村、金满村属都安瑶族自治县加贵乡管辖。

双塘村位于北山街北部，居住着壮、汉、瑶等民族，通行壮话、桂柳话，所辖吉寸、大安等 7 个自然村屯构成北山山地商贸圈中环北段。

梅洞村、怀道村和波串村构成北山山地商贸圈中环东段。梅洞村在北山街东北部，辖梅洞、楞七等 9 个自然村

塘利方向的赶圩路　吴继春／摄

屯，居住着壮、汉、瑶等民族；怀道村在北山街东部，辖怀道、大八仙等 7 个自然村屯，居民以壮族为主；波串村在北山街东南部，辖楞村、波串等 18 个自然村屯，居住着壮、汉、仫佬等民族。梅洞村、怀道村和波串村均通行壮话、桂柳话。

板敢村和塘利村构成北山山地商贸圈中环南段。板敢村辖丘累、板敢等 16 个自然村屯；塘利村辖塘利、板角等 11 个自然村屯。板敢村和塘利村均居住着壮、汉、瑶、仫佬等民族，通行壮话、桂柳话。

板磨村、金满村和龙安村构成北山山地商贸圈中环西段。板磨村辖板磨、九内等 23 个自然村屯，居住着壮、瑶等民族；金满村辖加道、朝栏等 7 个自然村屯，居住着壮、瑶、仫佬等民族；龙安村辖廷拉、龙安等 13 个自然村屯，居住着壮、瑶等民族。板磨村、金满村和龙安村均通行壮话、桂柳话。

北山山地商贸圈中环与北山岩溶生态圈中的板磨群山、塘利群山、板敢群山、万伍群山、尖山群山相依。

北山山地商贸圈外环

北山山地商贸圈外环由建安村、屯蒙村、龙拱村、京口村、定满村、大宿村、塘怀村、沙浪村、白龙村、红山村、索潭村、桥邓村等 12 个行政村的部分村屯构成，地理空间上形成一椭圆形。

建安村和屯蒙村构成北山山地商贸圈外环东北段。建安村在北山街北部，所辖的板另、笔山等 8 个自然村屯在北山山地商贸圈内，聚居着壮族和汉族，通行壮话、桂柳话；屯蒙村属宜州区石别镇管辖，所辖北歪、屯蒙等 10 个自然村屯在北山山地商贸圈内，聚居着壮、汉、瑶等民族，通行壮话、桂柳话。

龙拱村、京口村和定满村构成北山山地商贸圈外环东段和南段，属宜州区福龙瑶族乡管辖。龙拱村所辖上坝、上岭等 13 个自然村屯在北山山地商贸圈内，聚居着瑶族和壮族，通行壮话、桂柳话、瑶话；京口村所辖京口、京峒等 15 个自然村屯在北山山地商贸圈内，聚居着壮、瑶、仫佬等民族，通行壮话、仫佬话、瑶话；定满村所辖定满、龙歪等 14 个自然村屯在北山山地商贸圈内，聚居着壮族和瑶族，通行壮话、桂柳话。

都安瑶族自治县加贵乡的大宿村、塘怀村，以及都安瑶族自治县拉仁镇的索潭村构成北山山地商贸圈外环西段。大宿村所辖大湾、加查等 12 个自然村屯在北山山地商贸圈内，塘怀村所辖弄音、弄双等 14 个自然村屯在北山山地商贸圈内，聚居着瑶、壮、汉等民族；索潭村所辖棉花、龙么等 6 个自然村屯在北山山地商贸圈内，聚居着瑶、壮、汉等民族。大宿村、塘怀村和索潭村均通行壮话、桂柳话、瑶话。

白龙村、红山村、沙浪村和桥邓村构成北山山地商贸圈外环西北段和北段，属于宜州区北牙瑶族乡管辖。白龙村所辖白面、岭上等 21 个自然村屯在北山山地商贸圈内，聚居着瑶、壮、汉等民族，通行壮话、桂柳话；红山村所辖板江、古立等 10 个自然村屯在北山山地商贸圈内，聚居着瑶、壮、汉等民族，通行壮话、桂柳话；沙浪村所辖沙浪、龙早等 23 个自然村屯在北山山地商贸圈内，聚居着瑶、壮、汉等民族，通行壮话、桂柳话；桥邓村所辖桥邓、尖山等 8 个自然村屯在北山山地商贸圈内，聚居着瑶、壮、汉等民族，通行壮话、桂柳话。

北山山地商贸圈外环与北山山地岩溶生态圈中的沙浪群山、金满群山、塘怀—大宿群山、京口—定满群山、龙拱群山相依托。

北山山地商贸圈外围

北山山地商贸圈外围由石别、福龙、加贵、拉仁、北牙五个乡镇，庆远镇，以及柳州市构成。

石别和福龙位于北山山地商贸圈外围的东段，加贵、拉仁位于北山山地商贸圈外围的西南段和西段，北牙位于北山山地商贸圈外围的西北段。

庆远镇处在北山山地商贸圈的东北方向，在地理上与北山山地商贸圈并无直接联系，但无论是古时候的庆远府还是现在的河池市人民政府驻地，庆远镇作为河池的政治、经济、文化、交通中心，对北山山地商贸圈具有难以估量的影响。

柳州古属百越之地。西汉元鼎六年（前 111 年）设置潭中县，为柳州建置之始，辖今柳州、来宾两市大部及桂林、河池两市一部分。此后，柳州就一直是桂中、桂西北的政治、经济、文化、交通中心，一向对宜州有较大影响，并辐射到北山山地商贸圈，引领北山山地商贸圈商业、文化发展。

/ 北山山地商贸圈的互动关联 /

北山山地商贸圈以商贸为中心，因文化而关联，交往互动跨越了行政区划和民族区分。

与平原圩市基于街区形成不规则长方形商贸圈不同，北山山地商贸圈以北山街为核心，由内环、中环、外环和外围构成一个不规则圆形。

从地理上看，北山山地商贸圈东部山峰少平地多，但村屯并不多，无论是过去还是现在，这一地区通过与庆远镇乃至与柳州市的直接或间接联系，在经济、政治和文化上都对北山山地商贸圈产生主导性影响；北山山地商贸圈南部和西部多山峰而少平地，却村多人多，范围广泛，是北山山地商贸圈腹地所在，对北山山地商贸圈的发展具有根本性的影响；北山山地商贸圈北部地区少山峰而多丘陵，地广人稀，少水源和村庄，对北山山地商贸圈影响不大。

从历史上看，北山山地商贸圈辐射的村屯如今虽然分属宜州和都安两个不同的县级行政区划，但历史上整个北山山地商贸圈其实都属庆远府，即后来的宜山县管理。到了 1955 年，拉仁、加贵、福龙等乡镇从宜山划归都安。1998 年，福龙又划归宜山。

北山山地商贸圈内环距离北山街最近，多与北山街耕作区相混杂，往返最为便捷，联系也最为密切。北山山地商贸圈中环和外环村民构成了参与北山山地商贸圈商贸交

散落在山间的村落　吴继春／摄

往活动的主体，最具影响力。北山山地商贸圈外围除庆远外，石别和北牙因历史上曾管理过北山街，一度在政治和文化上对北山山地商贸圈产生影响，经济上的影响则一向不大；至于拉仁、加贵、福龙，则只有基于圩市交易的往来而已。

在北山山地商贸圈内，以北山街为核心，内环、中环、外环和外围之间同北山山地商贸圈的联系与对北山山地商贸圈的影响，大体上呈放射状由里而外不断减弱。外围的庆远镇是其中的例外——庆远镇是包含北山山地商贸圈在内的宜州商贸圈的核心，就外部而言，庆远镇对北山山地商贸圈的影响是最大的。

北山熟人社会圈

/ 北山街的亲友圈 /

如果在北山街生活过一段时间，你就会在不经意间与其他人缔结亲友关系。正如北山人常说的，大家互相之间的亲友关系就像种在地里的红薯藤那样，人们的社会关联在表面上是看不出来的，但如果扯动一下红薯藤，就会发现那些被红薯叶遮住的藤蔓相互之间都是有联系的。这一点，可以说是北山街人际关系的最大特点，也是北山街人际关系保持相对和谐的内在原因。

社会心理学家曾提出一个“小世界现象”，也称“小世界理论”“六度分离理论”，认为世界上任何两个人之间，平均只需要6个中间人就可以建立联系，以此描述人际社会关系中的短路径现象。也就是说，理论上通过6个中间人，人们就有可能与任何一个陌生人建立联系。这个现象用于描述北山街的人际关系是合适的。按照北山街的传统观念，北山街的人只要相互之间有社会关联，那么迟早都会建立起亲友关系，但这并不意味着北山街人的亲友关系是混乱的。

随着人口的不断增多，特别是婚姻圈的不断扩大，北山街的亲友圈不断扩展。北山街一直存在着两个亲友圈：一个是狭义的有血缘关系的亲友圈，也称“亲属圈”；另一个是广义的无血缘关系的亲友圈，也称“朋友圈”。

北山街没有所谓的“土著”，其人员多是在不同时期从外地迁徙而来。另外，可能是成圩的时间不算长，北山街历史悠久的家族并不多，如果以中原或江南地区名门望族的标准来衡量的话，北山街甚至可以说没有所谓的名门望族。加之早期的人们大多出于生计所迫才来到北山街，因此大家也就不太在意所谓的郡望，更多是通过或广义或狭义的亲友关系来维系相互之间的社会关联。

北山街的亲友圈由内核和外延构成。亲友圈的内核是由血缘维系的亲属圈，亲友圈的外延则是由友情维系的朋友圈。值得关注的是，北山街的朋友圈具有亲属化的特点：一般具有亲属圈的表象，即以亲属的称谓来称呼，有时候还会建立起长久的亲属化关系，真正转化为亲属圈。比如唐姑妈，作为白云寺的尼姑，北山人并不称其法号，而是使用“姑妈”这类亲属化的称呼称之。

仅以我家的情况为例说说北山街的亲属圈。孩提时代，我经常听到父亲哼唱京剧《红灯记》李铁梅的唱段：“我家的表叔数不清，没有大事不登门。”后来才明了父亲哼唱的重点在“我家的表叔数不清”，而非“没有大事不登门”。

我家属于血亲的亲属不太多——父亲幼失怙恃，与弟弟随大姑妈生活，后来弟弟又到宜州随二姑妈生活，只剩父亲一人随大姑妈和姑爹蒋宝隆一家生活。父亲于是与大姑妈的六个儿子十分亲近，亲如兄弟，后来也就对“我家的表叔数不清”产生了特别的共鸣。此外，父亲还有两家亲属关系：一家是父亲的罗姓舅舅，其妻很早就过世，留下一个儿子；另一家是梁姓舅舅，有两个儿子三个女儿。两个舅舅之中，父亲与罗姓舅舅一家的关系更为亲密。

相对于血亲关系，我家属于姻亲的亲属多一些。我外公有三个弟妹。他的大妹嫁到德胜镇的韦家育有三个儿子一个女儿，他们与外公那边有来往，但与我们家的来往极少。外公的二弟在庆远镇生活，有三个儿子一个女儿，我们家与他们的往来较多。孩提时期，正因为二叔外公一家在庆远镇，我们才有机会走出北山，接触到外面的世界，开阔视野。三叔外公则和外公一直留在北山街做裁缝，靠车衣为生。外公育有四个女儿一个儿子，三叔外公育有一个儿子四个女儿，这些舅舅和嬢嬢与我们家的往来是最密切的。

这就是我家的亲属圈。像我家这样的亲属圈，在北山街不算大。在北山街，外公家的郭姓有一两家，廖姓则仅有我们一家。因此，我们遇到同姓的人就会感到特别亲切。

北山街亲友圈的范围一般取决于社会关系的远近，而且通常会亲属化，这主要体现在对长者的称谓上。

俗话说“远亲不如近邻”，北山街的朋友圈最重要的还是左邻右舍。我家的住房是父亲工作后有了积蓄从欧英祥家买下来的。右边两家分别是罗尚青家和罗志崇家；左边则是韦庆光家（后来卖给了韦志雪），再过去就是北山铁器社和欧英祥家；对面从左到右分别是韦国卿家、罗尚兴家和韦应球家。

我家与这些左邻右舍的关系都比较好，但认真说起来也还是有亲疏远近的区别。韦应球的母亲名叫郭秀英，与我母亲同姓郭，据说两家祖上也有一定的关联，于是我们两家也就最为亲近——我母亲称郭秀英为大姐，我们就称呼她为姨妈，称其丈夫为姨爹，称他们家比我年纪大的孩子为姐或哥。韦庆光家和我们家也有亲戚关系，其姐同我舅公罗标结成婚姻，因此我们得称呼韦庆光为爷爷，称呼他几个比我年纪大的孩子为姑姑、叔叔。欧英祥家与我们家也有亲戚关系，我们称欧英祥为表姑爹，其大女儿是我小学一到三年级的老师，有时在学校她会对我说：“你不听话的话，表姐回去要告诉你父母的。”

其他几家就纯粹属于朋友关系了，但在称呼上依然会亲属化——我们称年纪大于我父亲的罗志崇、韦国卿、罗尚兴为爷，称年纪小于我父亲的罗尚青为叔、韦志雪为小姑。

像我家这样对朋友使用亲属化的称呼而实现朋友圈亲属化的情况，在北山街并不特殊，甚至可以说是很普遍的。对年长的人按自家长辈的辈分来类推并称呼，是北山街也是北山山地商贸圈的惯例。*

在这样的把非亲属关系转化为“亲属关系”的过程中，大多数还只是停留在形式上，不过也有“不是血亲胜似血亲”的情况。我父亲只有两个兄弟，但我们还有一位“不是血亲胜似血亲”的姑妈廖亮蕊。廖亮蕊也是幼年失怙，且无兄弟姊妹。1958 年她调到北山供销社工作，与我父亲成为同事。我父亲那时刚参加工作不久，见廖亮蕊待人极为和善，又同姓廖，便要认她为姐姐。她那时也已知晓我父亲乃孤寒子女，颇为同情，便答应了下来。这一答应就是六十余年，即便是在特殊年代父亲横遭冲击之时，姑妈与父亲的姐弟情谊也没有消失，依旧给我们一家很多关照。姑妈不但一直以大姐的身份尽力关照父亲，也以姑妈的身份对我们家的晚辈多有关心。**

正是这六十余年对我们家的关照，姑妈不但在我们家真正地实现了亲属化，被我们视作血亲，而且在我们家原有的亲属圈中，其他亲戚也都是把姑妈当作自己的亲戚来看待的。更有意思的是，由于姑妈是干部，在北山认识她的人不少，其中很多人见她长期关照我们家，都以为她与我们家有真正的亲属关系。其实在我们心目中，廖亮蕊姑妈就是我们的亲姑妈。

* 20世纪80年代我第一次去韬爸家，按习惯尊称其父为伯父。后来熟悉之后其父才予以纠正，告诉我其年纪小于我父亲，称其为叔叔即可。

** 1977年我高中毕业，第一次参加高考未能考上，正在犹豫是否要复读。那时，姑妈正好在波串下乡，听说我的情况后，马上从波串走到北山，动员我回石别中学复读，并表示复读期间可以到她家吃住。正是因为得到了姑妈的支持，我于1978年4—7月回到石别中学复读，参加高考并考上了宜山县师范学校。二妹丽君读高中期间，吃住都是在姑妈家。1983—1984年，我两次到宜州参加高考，最后考上广西师范大学。准备高考及读大学期间，假期回北山或学校经过庆远镇的时候，都是住在姑妈家。

北山街也有类似的无血缘关系的人通过一定方式来构成新的亲戚关系、改变原亲友圈结构的习俗，主要通过“认契爷（妈）”“打老庚”等来实现。

按照传统的说法，五行不足的人必须吃契爷（干爹）饭或契妈（干妈）饭，从中补足才能健康成长。北山街家有小孩的，都喜欢找算命先生算一算孩子五行是否有缺陷，有的话就及时找个契爷或契妈弥补。吃契爷饭或契妈饭还有个讲究，通常是男孩认契妈，女孩找契爷。一般先托人找好“命相”相属的成年男女，然后买礼物上门求米，同意的话就有了契爷/契妈—契女/契儿的名分，此后一生一世都会经常走动。

一些独子或老年得子的家庭，哪怕孩子有姊妹多人，也要让他认契妈，而且要认人丁旺盛之家的女子作契妈，认为这样才可以保佑孩子一生平安。我舅舅郭庆松就属于这一类。庆松舅共有五姊妹，他是家中独子，于是就按习俗认了北山第六生产队罗明的爱人做契妈。从此，哪怕后来离开北山到广西送变电公司工作，只要回到北山，庆松舅都会带上一些礼品去看望他的契妈。

我家总共有八个嬢，其中的美花嬢与我们没有血缘关系。美花嬢名叫韦美花，她家所在的北牙瑶族乡沙浪村古段屯属于北山山地商贸圈，她也就一直赶北山圩。她年轻来赶圩的那段时间，外公外婆在家里车衣服，几次来往之后，遵照北山山地商贸圈的习俗，美花嬢就提出要认外婆为契妈，我们也就多了一位没有血缘关系的孃。就是这么一认，让双方往来了一生。平时多是美花孃和她丈夫来赶圩时一起到外婆家坐一坐，聊聊家常，放假时也会带上孩子来玩；外公外婆偶尔也会带上孃和小舅去到美花孃家做客。快过年的时候，无论有多忙，外公外婆都一定要车新衣送给美花孃的孩子，而美花孃的丈夫也会在过年前用马车拉来从大山里砍来的“高山柴”送给外公外婆。

这类没有血缘关系但交往胜似有血缘关系的例子，在北山山地商贸圈中十分常见，成为北山山地商贸圈亲友关系的一大特色。

除了“认契爷（妈）”形成的“契亲”关系，北山一带还盛行通过“打老庚”结成“庚亲”，即同年出生、兴趣爱好合得来的成年男子结交为朋友，密切往来。老庚之间关系很铁，可以说胜似兄弟。

“打老庚”的双方在平时的接触中已有深入的了解，在交往中互相就“打老庚”达成共识后即可进行。旧时还有一些人是在赶圩时相互结识而确立老庚关系的。“打老庚”时，一般是一方买酒、肉，以及粽子、糖饼等礼物到对方家拜认，对方同时也备好酒肉，设宴招待老庚和几个亲朋好友，共饮结拜老庚酒。

“打老庚”为的是通过确定“庚亲”关系来给自己增添社会力量，以便在生产和生活中相互帮助、共同发展。到了后来，“打老庚”也不一定需要同年出生，只要志趣相投、年龄相近即可。

无论是亲属圈还是朋友圈，北山街的亲友关系一直维系着北山街的人际社会，使其和谐运转。

/ 北山街的婚姻圈 /

婚姻不但是扩大亲友圈的重要手段，也往往是改变社会阶层的重要方式，北山街的婚姻和因此而形成的婚姻圈也是如此。与其他地方的婚姻圈类似，北山街的婚姻圈也存在着一定的传统和标准。

北山街的婚姻圈由无数个家庭构成，这些家庭的组成并不单纯由爱情决定，也和不同阶层的社会地位有关。也就是说，在北山，爱情当然会对婚姻有重要的影响，但基于身份的不同考量与选择，也左右着北山街人的婚姻。

1950 年之前北山街的阶层比较简单，那就是有钱人和穷人，以及街上人和村上人。1950 年之后除了街上人和村上人之分没有改变，有钱人和穷人的区别虽然还存在，但界限已经不是十分明显，新出现的是干部、非农业人口、农业人口之分。于是 1950 年后的一段时间里，北山街的婚姻圈在有钱人与穷人的隐性标准之中，又更为明确地形成了干部、非农业人口、农业人口的划分，而街上人和村上人的划分，自然也包括于其中。

虽然出现了比较复杂的区分，但北山街婚姻圈的构成依然可以用“人往高处走，水往低处流”来概括，只不过这里的“高低”不再直接以金钱的方式呈现，而是以隐含经济实力和社会地位的三种身份来区分。具体来说，就是在结婚对象的考量上，人们倾向于优先考虑干部，其次是非农业人口，农业人口又次之。

于是北山街的婚姻圈就出现了这样的现象：一是同一阶层内互相通婚并不存在太大的障碍；二是不同阶层之间的通婚，一般表现为女子同经济实力、社会地位更具优势的阶层的男子结婚的单向流动，极少出现相反的情况。具体来说，就是干部家庭之间通婚的障碍不大，非农业人口家庭之间、农业人口家庭之间亦然；如出现干部家庭与非农业人口或农业人口家庭通婚的情况，也一般是男干部同非农业人口或农业人口的女子结婚，极少有已是干部的女子嫁给非农业人口或农业人口的男子的情况。

改革开放之后，随着国家经商政策的放松，北山街的所有人都拥有了通过经商获得财富、提升经济实力的机会，经济实力成为北山街人建立婚姻关系及婚姻圈主要的考量标准，对工作身份和户籍的强调相对减弱。

此外，家庭和个人性格的因素也会对婚姻圈的形成产生一定的影响。如此一来，同一阶层之内，才有可能以爱情为促成婚姻的主要因素。不同阶层之间，社会地位特别是经济地位是左右北山人婚姻的主要因素。

同样的，以街上人和村上人为划分标准的婚姻圈，通常也是单向流动——一般是村上的女子嫁到街上来，极少有街上的女子嫁到村上去。有趣的是，这种街上—村上的通婚，在北山山地商贸圈，也呈现出西部、南部、北部向东部流动的趋势。更有趣的是，北山山地商贸圈中的北山街、北牙街、石别街之间的通婚虽然也有，但极少出现。北山街的女性要么是“街内婚”——同北山街内的男子结婚，要么就是嫁到庆远镇或柳州，20 世纪七八十年代也有嫁到玉林、湛江等地的。

在北山街的婚姻圈中，改嫁是很正常的事情，似乎没有人因为改嫁而受阻拦或歧视。20 世纪 70 年代，我家一位表叔去世，后来表叔娘带着小表弟远嫁怀远镇。她的这一举动没有受到他人的非议，她与我们家也照样有来往。

同样的，男子入赘在北山也被视为正常的事情，这体现出北山人的开明与包容。北山人通常把入赘称为“上门”，也叫“扛楼梯”，说的就是男方进入女方家来劳作生活。

/ 北山街的外来者 /

外地人来到北山街之后，往往能通过各种途径得到街坊们的认同，实现“由生变熟”，成为北山街人亲友圈中的一员。

正如北山街俗语“棒槌进街都会打滚”所形容的那样，来北山街工作、生活的外地人与北山街本地人“由生变熟”，进入本地人的亲友圈的现象并不少见。如因婚姻来到北山街的外来者借由姻亲关系，很快就可以由生变熟。此外，1950 年之前因经商来到北山街定居的外来者也能够通过各种方式很快实现由生变熟。旧时北山街的熟人社会主要就是这样形成并不断扩大的。

1950 年之后，在国家相关政策的影响下，新来到北山街的外来者基本没有因个体经商而来的了。那时北山街新增的外来者除了通过婚姻到来，主要是因工作所需以职工、教师等身份来到北山街。

职工主要供职于供销社、食品站、粮站、邮局以及电影队等机构，正是他们取代了传统的外来个体经商者，成为那时北山街的外来者。这一部分人数量比较多，情况也比较复杂。他们之中的一部分人通过种种关系实现了与本地人的由生变熟。如从外地来到北山粮站工作的莫姨妈，不但与北山街很多人关系良好，其大儿子还娶了北山街蒋家的女儿，真正与北山街人由生变熟了。又如韬爸一家在 1987 年从塘利迁到北山街居住，由于韬爷爷此前就在北山信用社工作，已经积累下了较好的人脉，他们一家也很快融入了北山街的亲友圈。2015 年韬奶奶因病过世时，北山街的街坊乡亲同样按照北山街的习俗鼎力相助办好韬奶奶的后事。

另外还有一部分人虽然未能真正由生变熟，但也通过北山街传统的面上的亲属关系，实现了一定程度的由生变熟。比如在北山信用社工作的董伯伯，为人和善，与北山街人的接触虽不算多，但关系也较为融洽，其一家人与北山街的李家也以亲戚相称。

也有一些在北山街工作的职工，因为不喜交往或不擅交流，以及在北山街的时间不长等，最终未能实现由生变熟。

外来的教师或因为其家属落户到北山街的生产队，或因为其子女在北山与同龄人结交并熟识，其本人也或多或少地实现了由生变熟。20 世纪 70 年代，北山外来教师主要有何仁杰、彭素梅夫妇，容让、蒙素群夫妇，以及黄炳荣老师、李建吉老师。

这些老师基本是因为家庭成分比较高而不得不来到北山小学任教的。其中，黄炳荣老师和李建吉老师的妻子都没有正式工作，来到北山后他们的妻子就都落户到北山第八生产队，他们两家也就与北山街产生了更多的联系，由生变熟的程度更高一些，北山街的人也乐于把他们当作熟人、亲友来看待。黄炳荣老师的母亲瘫痪卧床多年，于“文革”期间去世。由于黄老师一家同北山街老街坊的关系已经由生变熟，北山街人也就按照“死爷死娘众人扛”的丧葬习俗，有钱出钱，有力出力，帮助黄老师办好了丧事。

何仁杰、彭素梅夫妇和容让、蒙素群夫妇都有教师工作，他们的孩子也随着父母来到北山小学就读，与北山街的同龄人多有交往，孩子建立了新的朋友圈使得他们在一定程度上也实现了同北山街老街坊的由生变熟。何仁杰和彭素梅老师有四个孩子，容让和蒙素群老师有五个孩子，分别就读于不同的年级。学习之余，这几个孩子也会与同学们一起游戏，周末时还会与同学一同种菜、打柴，这些都增加了两家人在北山街与街坊们由生变熟的机会。

上山下乡运动也促进了北山山地商贸圈人员的流动。一方面是外地知识青年的到来。记得当时有组织地成批来到北山山地商贸圈的知识青年主要是到金满村插队的，他们和当地村民一样也会来到北山赶圩，也就有了与北山街上人，特别是北山街青年人接触和结识的机会。另一方面是北山街非农业人口的知识青年有组织地去沙坪、龙桥等国营林场“插场”和到波串大队新立村“插队”，这在客观上也促成了他们与村民的接触与交流。

大约是受传统经商形成的与人为善、和气生财理念的影响，北山街居民对外来者的态度是比较友善的，也乐于接纳外来者，人们在自觉或不自觉间就由生变熟了。这就在无形中扩大了北山街人的亲友圈，更不断为北山街带来活力。而这也正是北山街自成为圩市地点以来，至今仍能保持相对繁荣面貌的内在原因。

山地商贸圈与多民族互联互通

▼通过赶圩之路，更通过赶圩之人，山地圩市与散落于千山万寨之中的各民族村寨密切联系在了一起，于是在山地商贸圈中，人们习俗相同、文化相通、血肉相连。

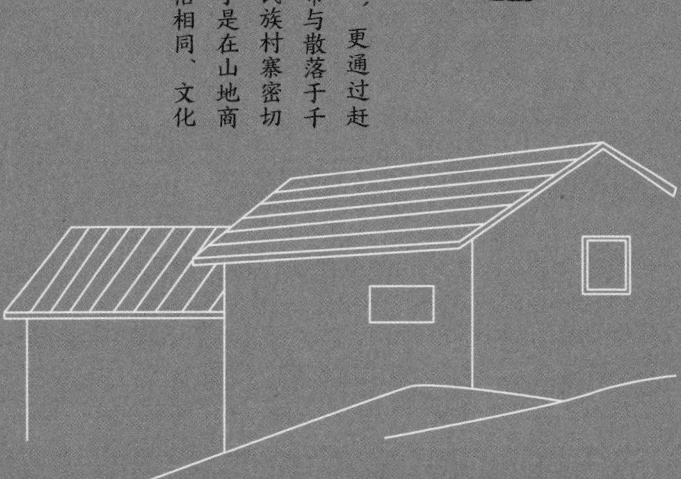

一方水土养一方人——以圩市为中心的山地商贸圈

圩市是人们为了更好地促进生产、丰富生活而创造出来的特殊社会环境。圩市的历史极其悠久，《周易》就已经有“日中为市，致天下之民，聚天下之货，交易而退，各得其所”的说法，《周礼》则更为具体地将圩市分类：“大市日昃而市，百族为主；朝市朝时而市，商贾为主；夕市夕时而市，贩夫贩妇为主。”如照此分类看待，由于地理环境的特殊性，像北山街这样的山地圩市就颇为奇特，既达不到“大市”的标准，也不符合“朝市”的要求，更不满足“夕市”的时间；若仅从参与圩市的人员来看，则更接近“夕市”的“贩夫贩妇为主”。

不管怎样，无论是“大市”“朝市”还是“夕市”，圩市总设在地区的交通中心附近，讲求交通便捷。历史上，水运长期是最为便捷的交通方式，这也就使得较大的圩市一般沿河而建，且多建于河流交汇处，比如今与北山镇同为宜州区管辖的怀远镇。怀远镇有一千多年的历史，是广西著名的古镇。《宜山县志》中有“怀远当龙江、小河交会，为粤、黔商贾都会”的记载。龙江河自西南逶迤而下；小河（小环江，也叫中洲河）从西北蜿蜒而来。一大一小两条河相汇在怀远，交汇处河面宽广、水流平缓，正是所谓的风水宝地。依托江河而成的圩市，其商贸圈的范围往往是江河的一部分流域。

“窃照庆远一郡属，在万山之中，民居其三，水佯伶侗瑶壮六种苗蛮居其七八，古之所称峒蛮，即其在也。”相比之下，北山作为山地圩市，既不在交通要道沿途，更无河流经过，而是处于九万大山支脉凤凰山麓之中，喀斯特地貌的千山万岽形成了无数大大小小的峒场。可以说，喀斯特地貌的独特环境是北山山地商贸圈形成的地理基础，而这相比于平原圩市自然是先天不足的。然而，正是这些峒场，千百年来成为当地壮、汉、瑶、仫佬等民族的栖居之地，祖祖辈辈生活于此的广大山地民众出于生存与发展的需要，因地制宜、因陋就简，在这所谓“最不适合人类居住的地方”，发扬“雄心征服千层岭，壮志压倒万重山”的大无畏精神，沿着崎岖的山地羊肠小道，肩挑背驮，翻山过坳，依托千山万岽和千家万户，创建了一个又一个北山这样为商贸而聚集的山地圩市。当然，这也就决定了北山这样的山地圩市只能是一种简版圩市，是山里人因地制宜创建的极具特色的圩市形态：旧时的北山街，街道以片石铺设而非石板路，与山里赶圩的石块路如出一辙，寒酸中尽显山里人生存之不易；两边或四边为砖、石、泥、木、瓦结构的平房，相互比邻，打开窗户就是铺面；圩场中间是公用市场，建有几排圩亭，圩亭用砖垒柱，上架梁檩，盖上鱼鳞瓦片，四周不砌围墙，中间也不砌隔墙，供商贩和群众摆卖货物；摊位及摆卖的物品排列在圩亭两侧，对面相向，顾客从中间走过，两边都可以选购物品……

像北山这样以山地圩市为中心的山地商贸圈，其商品大致上可分为两类。一类是来自商贸圈内部的物产，其中大部分在商贸圈内部交易，余下的则经由中间商流出商贸圈。就北山山地商贸圈而言，是外销至宜州、柳州甚至广州等地。另一类商品来自商贸圈之外，由中间商自外地输入，多为轻工业生活用品和生产用具。就北山山地商贸圈而言，宜州、柳州等地是外地商品的主要来源。因此，这类山地圩市的贸易，大致上也可分为内部贸易以及内外贸易两种。壮族民歌中就有表现了典型的山地圩市交易情景的片段：

男：今早天朦亮，吃早赶亥圩。
　　去买下江牛，来踩泥造瓦。
女：今早天朦亮，吃早赶亥圩。
　　亥圩买大牛，踩泥来制瓦。
男：哥在圩头找，弟在圩尾挑。
　　看牛是否壮，能否踩瓦泥。

女：父亲巡上圩，儿子巡下圩。
看那头牛大，有力踩瓦泥。

一般性的圩市因交易时间不同而分为早圩、晚圩和日市。早圩到上午九点多就散圩；晚圩要到天黑才散圩；日市基本持续整个白天，大约上午九点开始，到太阳落山为止。但北山这样的山地圩市就很难界定其为早圩、晚圩还是日市——交通不便决定了来北山赶圩的人需要早出晚归。

由于山多路远，人们需要在前一天晚上就做好赶圩的准备，然后还得起早赶圩。过去，最远处的山地赶圩人常常是天还没亮就手举火把出发，天黑时才又手举火把归来：

男：晚上吃完饭，拿银子来数。
数来又数去，赶圩带多少。
女：晚上吃完饭，要银子来算。
算来又算去，备银赶亥圩。
男：鸡啼第三遍，嫂嫂起煮饭。
煮饭吃赶圩，赶的是亥圩。
女：明早天朦亮，母安甑蒸饭。
煮饭吃赶街，吃早去亥圩。

正因为在交通上更具优势，北山山地商贸圈的圩市才

日出时泛着金光的山间赶圩路。自人们在如今的北山街开圩立市，北山街逐渐成为这一区域商贸交往的核心以来，数百年间，山间的无数赶圩人早出晚归，唤起北山街这个山地圩市的活力　吴继春／摄

从梅洞转移到了北山。

像北山这样的山地圩市，不仅是买卖物资的场所，还是各种消息的集散地：

男：人传这传那，进圩去打听。
　　听上圩下圩，看人讲什么。
女：贼讯传得紧，进圩去打听。
　　到街上探讯，看贼少贼多。
…………
男：人传东传西，进圩去卜卦。
　　一卦又一卦，看哪卦吉利。
女：贼讯传得紧，进圩去卜卦。
　　一卦又一卦，红卦最吉利。

来自各村寨的男女恋人，也会相约一同赶圩，在圩场上一起饮食、购物等，借圩市活动约会：

男：同妹进圩场，伴妹入粉铺。
　　入铺吃汤粉，谢妹帮递碗。
女：相伴进圩场，相携入粉铺。
　　入粉铺吃粉，谢哥帮出钱。
男：我俩同进场，我俩同入店。
　　入店买新鞋，谢情乖帮选。

女：我俩同进场，我俩同入店。
　　入店买竹笠，哪顶巧才选。

历史上，北山山地商贸圈中的人一度不以农历或公历等历法确定的日期，或所谓黄道吉日来体认时间，而是像他们把商贸圈中的人简单而纯粹地分为街上人和村上人那样，简单而纯粹地把时间分为圩日和空日两种，要么是赶圩的圩日，要么是不赶圩的空日——空闲的时间甚至是无意义的时间。其他一些地方也会以是否赶圩来体认时间，人们甚至以圩日、空日来隐喻男女恋人之间的感情：

男：圩日隔空日，快过恋情期。
　　隔两天一圩，过时罗情妹。
女：圩日隔空日，田垌半边阴。
　　空日不相遇，过时罗情人。

值得注意的是，尽管北山山地商贸圈以圩市为中心，并且这样的中心一般不会轻易发生变化，但也并不是绝对不变的。北山山地商贸圈最早的中心在梅洞街（那时的商贸圈应该称为“梅洞山地商贸圈”），后来随着这一商贸圈南部、西部山地村落的不断加入，原先的商贸圈中心梅洞街就显得有些偏了。来自南部、西部山地的村民开始“用脚投票”：他们在距离梅洞街约 5 千米处的北山顶附近歇息、交易，最终在北山形成圩市，梅洞街则因为不便于山里人前往交易而失去圩市中心的地位。20 世纪 50 年代修建的宜州—都安公路经过北山而不经过梅洞，则塑造了如今北山山地商贸圈的格局。

同样的，这样的山地商贸圈虽然也会受到行政区划变迁的影响，但这种影响并不是决定性的。就北山山地商贸圈而言，其行政区划一直都有变化，但商贸圈的中心和范围却不太受此影响。在更高一点的层次上看，不管行政区划怎样变化，北山山地商贸圈大部自山地圩市成圩以来就一直属于庆远府，以及后来的河池市管辖。当然，在更低一些的层次上看，还是有所变化的，比如其中心北山街，在历史上有过作为乡镇一级机构独立存在的时期，也经历过由北牙或石别管辖的时候。其商贸圈中的部分村落，特别是南部和西部的村落变化更大，在宜州（宜山）与都安之间来回划分。比如商贸圈西部的加贵，1933 年设立加贵乡的时候属宜山县管辖，1955 年设加贵区时又划归都安瑶族自治县管辖。又如商贸圈南部的福龙，清代分属忻城土县和永定长官司，1955 年划归都安瑶族自治县管辖，1988 年又划归宜山县。

总的来说，像北山这样的山地商贸圈，其变化基本上还是受商贸圈内部交易交通成本变化的影响。

一方人创造一方文化——多民族交往交流交融

文化是人类适应及改造自然的过程和结果。人们在说到广西民族的分布时常常会说“汉人住街头，壮人住水头，苗瑶住山头”，处于桂西北的北山山地商贸圈自然也大致如此，只是具体的民族分布情况更为复杂。北山山地商贸圈中生活着壮族、汉族、瑶族、仫佬族等民族，各民族的居住空间并不简单以街头、水头、山头为界。每逢圩日，不同民族的群众都会聚集于北山街，通过商贸进行交往互动，进而依托圩市实现多民族文化的交流交融。

民间歌谣是桂西北山地极为重要的传统文化，北山的民间歌谣既属于桂西北山地民间歌谣，也是刘三姐歌谣的一种。千百年来，北山民众以歌传史、以歌叙事、以歌会友、以歌择偶、以歌教化，创造了童谣、劳动歌谣、爱情歌谣、仪式歌谣、时政歌谣等类型的歌谣。人们还把歌与圩相结合，形成了歌圩传统。圩市与歌圩互相转换，真正实现了“饭养身，歌养心”。

在传唱山歌的同时，由文人雅士创作的诗词也在北山传承。北山山地商贸圈养育并成就了一批又一批文人雅士。他们弘扬中华民族“诗言志、歌永言、声依永、律和声”的传统，以诗词吟诵家乡山水，表达理想抱负，歌颂诚挚友情，抒发悲悯情怀。

于是，在北山山地商贸圈中，歌圩与文坛并存，山歌与诗词辉映，民间与精英互鉴，大传统与小传统互融。

民间艺术的杰出代表——桂剧与彩调在北山山地商贸圈生根、开花、结果，尤其是体现多民族文化交融的彩调，在北山山地商贸圈历演不衰，有彩调艺人从军事迹世代相传并成为当代文艺创作的题材，也有北山优秀彩调艺人进入自治区级专业彩调剧团成为专业演员。桂剧与彩调在北山山地商贸圈中有深受山地民众欢迎的剧目，有一大批由各族民众构成的票友，也有属于自己的名角。戏曲艺术以寓教于乐的方式，娱乐并教化了一代又一代山间民众。

相同的自然环境形成了相近的生产方式，相近的生产方式则会促成相似的风俗习惯。北山山地商贸圈也有特色鲜明的风俗习惯。生于斯长于斯的人们寓食于节，在春生、夏长、秋收、冬藏时节，以不同的形式酬神犒人。人们也寓礼于俗，如北山山地商贸圈的丧葬活动，其仪式可见师公文化、道公文化背后悠久的傩文化，人们在丧俗中感受历史文化和社会伦理道德的同时，弘扬了能帮就帮的诚善精神。

共创共享，互联互通

虽然有“隔岭不同俗”之说，但在北山山地商贸圈中，商贸把生人变为熟人，交往把熟人变成亲人，文化则把各族民众变成了一家人。在北山，环境相同、生活相近、语言相通、习俗相似、精神相连，人们共同促进了北山山地商贸圈的形成，更将北山街打造成为多民族共创共享、互联互通的精神家园。*

* 自北山街开圩立市起，北山山地商贸圈就多以“村上人”“街上人”来称呼居住于不同空间的人。一直到了20世纪70年代我读高中的时候，从一个同学那里才知道原来在北山山地商贸圈还有瑶族居住。而到了20世纪90年代，我才从一个同事那里知道北山山地商贸圈内也居住着仫佬族。

“宜山之民，习俗颇淳，言语、服用不异中州。士族知尚礼义，质直，不事华靡。祀祖燕宾，率多从厚。……但山高地瘠，不娴工技，以故多贫而俭。”自建圩之日起，会聚于此的人们就已开始交往、交流、交融。在历史的长河中，北山山地商贸圈的各族民众为商贸而聚集，因文化而融合。北山街既成为商贸圈中各类物品的交流之处，也成为商贸圈中各族群众的交往之处，更成为商贸圈中多民

如今的北山街　韦仁凯／摄

族文化的交融之处。可以说，北山是壮、汉、瑶、仫佬等民族的生存繁衍之地，也是北山山地商贸圈内广大民众的精神家园。

北来南往四面乡亲共创民族圩市，山多路长八方贤良同扬诚善街风

数百年来，北山一带的民众为商贸而在圩市聚集，多民族文化在圩市融合。圩市对于山地商贸圈的民众具有特殊的文化意义，对以圩市为中心的商贸圈的生产生活也具有较大影响。北山山地商贸圈的人们在适应和改造山地生存环境的过程中，创造和积累了独具特色的文化，这些文化因赶圩人的往来而在商贸圈的中心北山街交汇，使得北山街的文化呈现出多元交融的特征。

虽然手提、肩挑、背驮、徒步式的山地间的赶圩是很辛苦的，但在赶圩人看来又是非常愉悦的，特别是从圩市满载而归的时候。著名词作家古笛先生有一首描写桂西北彝家姑娘赶圩归来欢乐心情的《赶圩归来啊哩哩》，听者从中可以体会到山地圩市之乐——收获的喜悦、交往的喜悦、交流的喜悦以及文化交融的喜悦。

由村村寨寨构成的商贸圈和以圩市作为载体的精神家园，二者是相辅相成、相互成就的，大家通过圩市而贸易，

通过圩市而交往，通过圩市而相恋，通过圩市而生活，通过圩市而了解世界，通过圩市而实现发展。

一方水土养一方人，一方人创造一方文化。曾有学者在考察民族地区的山地圩市后将之视为民族文化的孤岛，即在某个主流文化的范围内但与此文化不同的一种文化现象。其实并非如此。像北山街这样的山地圩市，不但与周边同处一个商贸圈的其他各民族村落联系密切，即使是在其内部，也沉淀着不同民族创造的各类文化。世代居住在北山街和以之为核心的北山山地商贸圈的人们，依托圩市，密切联系，实现交往交流交融。人们一代又一代地在桂西北依山而居，日出而作，日入而息，努力生产，愉快生活，繁衍后代，创造了属于自己的文化。通过赶圩之路，更通过赶圩之人，山地圩市与散落于千山万岽之中的各民族村寨密切联系在了一起，于是在山地商贸圈中，人们习俗相同、文化相通、血肉相连。

北山的父老乡亲生活在典型的喀斯特岩溶生态圈中，以山地商贸圈为支撑，以圩市活动为核心，在极其恶劣的生存环境中坚韧不拔，乐观向上，为商贸而聚集，因文化而融合，和谐共处，共创共享，创建了山地圩市商贸圈，创造了独特的山地圩市文化，并以山地圩市为载体，促进民族间的交往与交流，实现多民族文化交融，强化了中华文化的认同，铸牢了中华民族共同体意识。

后记

这是一部关于故乡的书。

故乡北山是桂西北千山万岽中的一个小圩市。1978 年，我第一次离开故乡到宜山（今河池市宜州区）求学。两年后，我回到故乡的乡村小学任教，通常来说就应该在故乡扎下根来了。

只是，对诗与远方的渴望，使得我与几位志同道合的友人，凭借那时的年少气盛，有勇气选择走上一条艰难的当时鲜有人走的路。最终在参加四次高考之后，我于 1984 年再次离开家乡，前往桂林求学。

殊不知这一走，自己也成了“离乡游子”的一分子。白居易说“无论海角与天涯，大抵心安即是家”，苏轼直言“此心安处是吾乡”，看似豁达至极，却不知其中饱含多少离乡的无奈。

参加工作之后，虽然每逢过年、清明，我都会回到家乡，但也都是来去匆匆，只是身体回到了地理上的故乡，心灵则早已游离在作为精神家园的故乡之外。

随着年龄的增长，乡愁也就慢慢淤积于心。多年从事传统文化研究的我，开始萌发出写一写故乡的念头。于是，2016年，我鼓励韦锦田先生发挥新闻记者的优势，回乡采写故乡的人与事，并在乡亲们的支持下出版了《北山忆事》一书，也算是消解了我淤积于心的几缕乡愁。之后，冯艳冰女士为《广西文学》的《重返故乡》专栏打来约稿电话，又勾起了我对故乡的眷恋，写一写故乡的愿望更加强烈。于是，我开始拾起种种有关故乡的记忆，根据自己的经历见闻，尤其是所历所感的关于故乡的人和事，试图通过书写重返故乡。恰逢漓江出版社组织编撰“广西村落文化丛书”，于是有了这本《山地圩市——河池北山街》奉献给大家。

《山地圩市——河池北山街》秉持“一方水土养一方人，一方人创造一方文化”的理念，立足家乡人类学立场，坚持从故乡发掘历史、以文化呈现思想、由细节体现温情，以北山山地圩市生活为主线，围绕“北来南往四面乡亲共创民族圩市，山多路长八方贤良同扬诚善街风”的主题，努力个性化地叙述北山的历史沿革、商贸活动、乡贤名士、民间习俗，力求真实呈现北山山地商贸圈的地理空间、赶圩人群、熟人社会、人文教化，展示桂西北山地圩市“为商贸而聚集，因文化而融合”的历史积淀和社会变迁，力图用有温度的记忆讲述家乡故事，重温过往岁月，安顿乡土情怀。

韦锦田先生是近年与我往来最多的乡贤。本书的写作得到韦锦田先生的大力支持，还承蒙他帮助审读书稿，不胜感激！

邱伟华师兄是宜州文史专家，熟悉宜州的山山水水、村村寨寨，知道我在写故乡的人和事，也于百忙中抽出时间提供珍贵的文史资料，谨表感谢！

罗想平、韦仁凯、李艳桃、蓝明理、蓝建新、韦安禄、黄秋菊、毛选德、黄培珍、张善勤、容焱、吴宜平也为本书提供了珍贵的资料，在此特表感谢！

姑妈廖亮蕊、孃孃郭秀杰和郭秀萍、三弟廖雄君和四弟廖承君、表弟蒋应学、拙荆杨燕灵、犬子廖亦阳也为本书的撰写提供了极大帮助，自当铭记于心。

附录一　北山童谣二十九首

/ 生活型童谣 /

落雨蒙蒙，爸爸骑马克洛东。
爸爸快快回，带回油馍一大堆。

——《落雨蒙蒙》

月亮光光，打把钥匙开笼箱。
笼箱有头牛，带妹克桥头。
桥头有朵花，带妹克婆家。
婆家有只老母鸭，
公讲杀，婆讲留到四月八。

——《月亮光光》

东打铁，西打铁，打把剪刀送姐姐。
姐姐喊我歇一歇，
我不歇，我要回家学打铁。
打到哪，打到正月正，
家家门口挂龙灯。
挂到哪，挂到桥底下。
什么桥，石阶桥。
什么江，虎头江。
什么虎，糖瓜虎。

什么糖，过年家家吃糕糖。

——《打把剪刀送姐姐》

牛呀牛，上山吃草不抬头。
抬头望见橄榄树，橄榄开花球对球。
牛吃路边草，马吃路头花。
噼里啪啦是哪家？是婆家。
婆家女，满头花。
出门到半路，多谢主人家。

——《牛呀牛》

蚂蚁公公，蚂蚁娘娘，
抬猪抬羊。
抬去哪里？抬去社王。
社王有个塘，
请你慢慢走，莫要跌下塘。

——《蚂蚁》

妹呀妹，舂大碓。舂不起，等妈回。
妈克哪？妈克沟边洗韭菜。
菜也流，水也流，妈在沟边气悠悠。

——《妹呀妹》

羊咩咩，飞过墙，有人捉你娘。
你娘不在家，捉你老妈妈。

——《羊咩咩》

豆芽菜，冷冰冰，过河过水来接亲。
娘讲路又远，爷讲水又深。
哥讲去了亲姊妹，嫂讲去了搞家精。
哥亲还是亲，嫂亲还是外头人。
辣蓼摘来当菜卖，卖完辣蓼没良心。

——《豆芽菜》

/ 调侃型童谣 /

唐僧骑马克洛东，后面跟着孙悟空。
孙悟空跑得快，后面跟着猪八戒。
猪八戒鼻梁长，后面跟着沙和尚。
沙和尚挑着箩，后面跟着一个法童婆。

——《唐僧骑马克洛东》

团团转，眼睛花，
契爷打契妈。
契妈跌下床。
猫来舔，狗来扛。
扛到河边洗衣裳。
洗几件，洗三件。
三件不完洗六件。

——《团团转》

一，一，一二一，挑个箩筐克卖米。
买米的人没讲理，踩对我的脚。
我问医生要点药。
驷马药？膏药。
驷马膏？牙膏。
驷马牙？豆芽。
驷马豆？豌豆。
驷马豌？台湾。
驷马台？抬你老婆进棺材。

——《挑个箩筐克卖米》

月亮光光，月亮明明。
里面有个人，出来放水牛。
水牛过沟，踩对泥鳅。
泥鳅告状，告对和尚。
和尚念经，念对观音。
观音屙水，屙对小鬼。
小鬼钓鱼，钓对船皮。
船皮下蛋，送给水牛送炒饭。

——《月亮明明》

大姐大鼻梁，二姐蚂螂扛。
三姐鹿羊面，四姐锅灰脸。
五姐乌鸡脖，六姐大胳膊。
七姐瘦伶伶，八姐笑死人。
九姐狐狸精，十姐赛观音。
观音观音你克哪？我克后园摘红花。

摘得几多朵？刚刚摘得十二朵。
糖茶糖茶你莫滚，芝麻芝麻你莫香。
打开笼箱新衣裳，打开蚊帐新姑娘，
打开尿盆臭滂滂。

——《大姐大鼻梁》

一二三四五，上山打老虎。
老虎没在家，气死老屁股。

——《上山打老虎》

老弟，老弟，我带你克看戏。
我坐板凳你坐地，我吃瓜子你吃屁。

——《老弟》

排排坐，吃糯糯。
糯糯香，吃沙姜。
沙姜辣，吃枇杷。
枇杷苦，吃猪肚。
猪肚尖，尖上天。
天上有把刀，好切菜。
菜又长，买个羊。
羊又叫，强盗偷你家的烂棉套。

——《排排坐，吃糯糯》

一螺穷，二螺富。
三螺四螺卖豆腐。
五螺六螺，挑粪过河。

七螺八螺，金子银子搭秤砣。
九螺十螺，嫁给皇帝做老婆。

——《一螺穷》

/ 常识型童谣 /

一二三四五六七，马兰开花二十一。
二五六，二五七，二八二九三十一。
三五六，三五七，三八三九四十一。
四五六，四五七，四八四九五十一。
五五六，五五七，五八五九六十一。
六五六，六五七，六八六九七十一。
七五六，七五七，七八七九八十一。
八五六，八五七，八八八九九十一。
九五六，九五七，九八九九一百零一。

——《一二三四五六七》

烟，烟，烟到那边天。
这边有鸡屎，那边炒糯米。

——《烟》

天晴天又阴，落雨有天星。
水冷锅盖濑，饭熟米汤清。

——《天晴天又阴》

麻雀鸟，嘴钩钩，我晒谷子你来偷。
总有一天捉得你，帮你洗凉剃光头。

——《麻雀鸟》

黑麻麻，夜麻麻，老鼠出来偷锅巴。
遇着猫儿来撞见，擒得老鼠喊喳喳。

——《黑麻麻》

哈！哈个辣椒把！
今年吃酒你克嫁，
后年生个小娃娃。

——《哈个辣椒把》

/ 教化型童谣 /

掰子掰，掰上街。
讨点米，养老奶。
老奶吃得多，掰子回来刮鼎锅。
鼎锅有条蛇，黑倒掰子喊伯爷。
伯爷有杆枪，一枪打倒满姑娘。
满姑娘咚咚枪，屌烂屎打标枪。

——《掰子掰》

摇摇摆摆，撑船过海。
磨利刀仔，杀死螃蟹。

螃蟹告状，告给和尚。
和尚念经，念到观音。
观音点水，点着海鬼。
海鬼摸鱼，摸到团鱼。
团鱼下个蛋，拣给外婆煮早饭。

——《摇摇摆摆》

老公公，眼睛蒙，拿起木棒当火筒。
买的芭蕉中间空，买的甘蔗生了虫。
买的米饼又穿窿，买的白馍粘喉咙。
弟弟吃了发脾气，一边吃来一边哝。
姐姐对着弟弟讲，以后你也会变老公公。

——《老公公》

月亮巴巴，踩着瓦渣。
一跤跌倒，怪我打他。
我没打着他，回克告妈妈。
妈妈不在屋，躲在门背哭。

——《月亮巴巴》

排排坐，吃果果。
你一个，我一个。
妹妹睡了留一个。

——《排排坐》

虫虫飞，飞去婆家吃米椎。
婆婆拿棍打，飞去张家瓦。
揭开瓦来看，里头有个蛋。
捡起来，我和妹妹来分半。

——《虫虫飞》

附录二　北山话日常用语表

日常用语	含　义	日常用语	含　义	日常用语	含　义
克	去	多卵鱼	多余	niā	粘贴
濑水	热水	那样子	怎么	郎衣	毛衣
标	溅	豆	组装	扩窿	洞
哪块	哪里	羊咩咩	蜻蜓	烧甲	蟑螂
嬔	恶心	吊杠	教训	扯卵弹	乱讲话
浮头	出现	线挂	汗衫	博抵	贪便宜
过注	拼命	mōu	蹲	闯彩	幸运
夯邦郎	全部	夹	关系好	车咧	不正经
裸人	骗人	吃空子	占便宜	洗驼子	骗人上当
跌摊	混得差	卵梭梭	灰溜溜	昂	蠢
腔人	欺负人	充大头菜	逞能	伦省	不干净
轮整	啰啰唆唆	佛	轻浮	雷堆	邋遢
哝囊	做事丢三落四	麻溜	做事利索	铺	液体溢出来
腊萨	垃圾	叫狙	蟋蟀	拱屎虫	屎壳郎
腊恰	蜘蛛	蚂拐	青蛙	四季和	知了
猎	追赶	即暂	现在	黄票	有胆量
打平伙	类似AA制的聚餐	到面	今后	礼信	礼金
倒定	倒立	yēi	差	菠萝盖	膝盖

附录三　北山山地商贸圈中环、外环村屯分布表

/ 北山山地商贸圈中环村屯分布表 /

区域	村	屯
东段	梅洞	梅洞、楞七、宾州、大楞、七三、三里、小康、新村、岩口
	怀道	怀道、大八仙、大山、大塘、大湾、万伍、小八仙
	波串	楞村、白坟、波串、大范、大将、大社新村、甘社、甘丈、拉垒、拉寨、龙鲁、龙住、内龙黑、外龙黑、匹马、石花、水泵、新立
南段	板敢	丘累、板敢、板腰、大峒、大楼、大寺、东成、东省、鹅山、甘塘、高原、黄镰、拉好、拉岭、门楼、新累
	塘利	塘利、板角、刚良、拉泵、拉潭、龙朗、牛峒、乾都、土长湾、新建、秧峒
西段	板磨	板磨、九内、那池、岭板、岭背、中间、龙宝、弄立、弄脉、大湾、好汉、大村、小村、龙尾、北面、上面、板江、马安、里院、古论、江田、弄模、蓝陆
	金满	妥瓜、朝栏、加道、弄烟、峒口、弄会、弄团
	龙安	廷拉、龙安、北汉、朝鹿、东建、独山、高岭、脚兰、九凤、拉好、六标、思烟、塘窝
北段	双塘	吉寸、大安、大范、殿皇、吉送、双凤、塘立隘

/ 北山山地商贸圈外环村屯分布表 /

区域	村	屯
东段	龙拱	上坝、上岭、龙道、建久、朝口、纳蒙、杜家、龙马、小拱、甲良、上寺、下寺、下岭
南段	京口	京口、京峒、刚峒、龙当、拱桥、鸡旦、加冲、龙鲁、水洞、龙江、新村、北建、果甘、龙盆、龙的
	定满	定满、龙歪、建立、龙洞、龙查、楼梯、大洞、龙谷、栏路、加班、风隘、龙坤、下龙香、山塘
西段	大宿	大湾、加查、弄立、拉丹、拉刁、拉城、西牛、牛洞、弄内、乾烈、万元、弄脉
	塘怀	弄音、弄双、加向、加泵、迷料、板旧、枕头、大坡、加件、弄候、上岩、上庭、板拉、弄郎
	索潭	索潭、棉花、龙么、东洞、高隘、加汉
	白龙	白面、岭上、板江、平村、上板纳、下板纳、陇共、岸朝、内加样、外加样、拉仰、横水、坝头、芭蕉、加西、加亮、加虎、龙拉、干龙、高隘、拉好
	红山	板江、古立、纳塘、拉友、查地、大竹、加汉、三七、龙江、龙双
	沙浪	沙浪、龙早、更龙、古东、古段、三冲、沙另、板么、拉单、拉洛、廷向、九龙、岭定、新村、板良、沙隘、北楞、板勒、板宅、龙后、龙虎、大村、北社
北段	建安	板另、楞口、笔山、高岭、林场、三保、塘安、新村
	屯蒙	北歪、屯蒙、坝头、三坡、板扣、大板所、小板所、新建、古从、古城
	桥邓	桥邓、加尔、高村、山等、拉近、六下、尖山、塘秀

主要参考资料

1. 《彩调剧词典》编委会编，《彩调剧词典》，广西民族出版社，1999年。
2. 费孝通，《乡土中国》，中国青年出版社，2022年。
3. 《中国戏曲志·广西卷》编辑部河池地区戏曲志编写组编，《广西地方戏曲史料汇编》第七辑（河池地区专辑），内部资料。
4. 《广西地名词典》编纂委员会编，《广西地名词典·河池市宜州区》，广西民族出版社，2022年。
5. 广西壮族自治区宜州市地方志编纂委员会编，《宜州市志》，广西人民出版社，1998年。
6. 李文琰修，何天祥纂，黄绍光、陈麒伊、何启贤等点校，《庆远府志（乾隆十九年辑）点校》，知识产权出版社，2021年。
7. 中国民间文艺研究会主编，宜山农民报编辑部选辑，《柳州宜山山歌选》，通俗文艺出版社，1958年。
8. 钟文典主编，《广西近代圩镇研究》，广西师范大学出版社，1998年。
9. 施坚雅著，史建云、徐秀丽译，《中国农村的市场和社会结构》，中国社会科学出版社，1998年。
10. 宜州区诗词学会编印，《宜州四百年诗词选》，2022年。
11. 韦锦田，《北山忆事》，漓江出版社，2018年。
12. 张声震主编，《壮族民歌古籍集成·情歌（一）嘹歌》，广西民族出版社，1993年。